誰も語らなかった

ジブリを語ろう

増補版

押井守

まえがき

あらかじめ申し上げておきますが、本書は一部の方々が期待しているであろう、スタジオジブリに対する悪口雑言、ツッこみ放題、言いたい放題を活字にして私憤を晴らすという意図で出版されたものではありません（まあ、一部にはそれも含みますが）。

本書の意図は大雑把に言って二つあります。

スタジオジブリおよび宮崎駿監督に対する批判の類いは、まず公の場で見掛けることがありません。共通の利害を暗黙の了解として、その内部における批判を許さない共同体を「インナー・サークル」と称しますが、例えばスポーツの世界におけるフィギュアスケート団体などは、この典型と言えるでしょう。世間の注目度の高いわりに参加者が限定されており、その評価が客観性を証明しにくい競技などに、この傾向が見られるようですが、「少数のプロと大多数のアマチュア」で成立する世界には往々にしてこの「インナー・サークル」が発生します。スタジオジブリおよび宮崎駿作品に対する批判の類いが、なぜか公の場で語られず、活字になりにくいという背景には、同様の事情が存在するのではないか、というのがかねてからの私の考えでした。鈴木敏夫が暗躍し、ダンアツして回っているからだ、などということがある筈がありません。私は彼を評して「ゲッベルスの末裔」とか「東小金井のジェルジンスキー」とかの悪口を垂れ流してきましたが、一介の映画プロデューサーである彼に、全マスコミの口を塞ぐ政治的権力などあろう筈がありません。

スタジオジブリの作品はなぜ批判に晒されないのか。

その全ての作品が名作傑作のオンパレード、などということはあり得ません。むしろ事態はまったくの逆であり、その表現力の卓越さはともかく、映画作品としてはツッこみ放題のトンデモ映画と呼ぶしかないものが殆どです。いやそんなことはない、オレは何度も観て、その度に感動したぞ、と主張される方も多いでしょうが、それはそれで一向に構いません。しかし、観客として十分以上に楽しめた、と言う主張と作品の評価とは、あくまで別物なのです。この世に１００パーセント完璧などと言う作品も個人も組織も存在するわけがありません。事実として、他のどんな監督作品も、興行成績とは別の次元で作品としての評価が問われ、必ずと言ってよいほど賛否が分かれるのが通常でありながら、なぜスタジオジブリの作品は（公式の場では）絶賛されつづけるのか。この辺の事情を具体的な個々の作品に触れながら明らかにしてみたい、あらゆるバイアスを無視して語ってみよう、というのが本書の最初にして最大の意図であり、動機でもあります。そんなことをして何になるのか、と問われるなら、それをして何故いけないのか、とお答えしたい。映画は語られるべきであり、語られてはじめて映画になるものなのです。

さらにもうひとつ。スタジオジブリという製作会社はなぜ創設され、かくも永きに渡って日本の映画業界にその存在感を示し続けることができたのか（君臨したとは申しません）。やや大袈裟に言うなら、その歴史的背景とでも言うべきものを検証してみたい、という意図がそれです。宮崎駿監督が引退を表明し（すでに復活も表明しましたが）スタジオジブリという特異なアニメスタジオが、（敢えて申せば）その歴史的使命を終えたいまこそ、それを語るべきなのです。

なお、読者の便宜を図りつつ、語る私自身も楽しむために、敢えて評論形式ではなく対談形式としました。語る相手は『友だちはいらない。』にひきつづき、映画ライターの渡辺マキさんにお願いしました。彼女は持ち前の特異な（天然系の）キャラクターで、世界に名だたる映画監督たちの懐深く侵入し、ユニークなインタビュー記事をものした得難い人材であり、またきわめて説得し難いその性格が、今回の意図には適材であると判断しました。ただし困ったことに、私もマキさんも本格的な脱線人間であり、話題が逸れることがしばしばで、対談の行方は杳《よう》として定まらぬこともしばしばで、担当編集さんには大変なご苦労をおかけしました。また滑舌が悪いくせに早口で「何を言ってるのか判らない」私の言葉を、テープから起こしてくれた野口くんに、この場を借りて感謝を述べておきます。

反論も文句もあるでしょうが、とりあえず最後まで読んでいただければ幸いです。

2017年　仕事場にて　押井守

目次

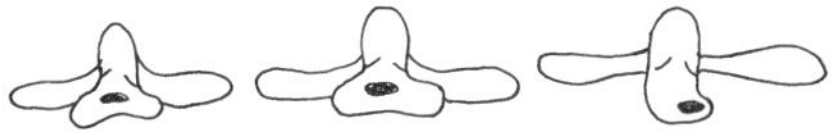

聞き手・構成・文／渡辺麻紀

・本書は2017年に発行された『誰も語らなかったジブリを語ろう』の内容はそのままに、新たに「〈特別鼎談〉『監督とプロデューサー　オレたちのディスタンス』石川光久×高橋望×押井守」と「〈往復書簡〉鈴木敏夫⇄押井守」を追加した増補版です。
・本文中に登場する人名は、敬称略といたしました。
・『崖の上のポニョ』、『風立ちぬ』、『コクリコ坂から』は、劇場公開時の『テレビブロス』インタビューに加筆、修正を加えたものです。

第一章

矛盾を抱えた天才

宮崎駿

スタジオジブリ設立前夜
『風の谷のナウシカ』

インナー・サークル

――『誰も語らなかったジブリを語ろう』、まずはどこから行きましょうか？

押井　みんな、誤解しないで欲しいんだけど、僕は別に悪口を言うつもりはないからね。目的は、**スタジオジブリ**という、日本のアニメーションの歴史のなかで明らかにひとつの時代を築いたスタジオの功罪について語ること。スタジオはいま、休止状態にあり、ひとつの区切りがついたからこそできる企画なんだよ。**宮さん**はまた何か作るつもりで動いているようだけど、それはオマケのようなもの

スタジオジブリ　85年に設立されたアニメーションスタジオ。その名の由来は「サハラ砂漠に吹く熱風」。14年に制作部門の休止を発表したが、17年に宮崎新作制作のため制作部門が再稼動した。

宮さん　宮崎駿（みやざき　は

STORY
「火の七日間」から1000年。産業文明は滅び、人類は、瘴気を発する腐海や、蟲に脅かされていた。自然や生き物を愛する「風の谷」の族長の娘ナウシカは、辺境諸国を統合したいトルメキアのクシャナ皇女ら、人間同士の戦いに巻き込まれる。

キャスト：島本須美　納谷悟朗　松田洋治　原作・脚本・監督：宮崎駿　プロデューサー：高畑勲　公開日：1984年3月11日　上映時間：約116分　興行収入：約14.8億円　キャッチコピー：木々を愛で虫と語り　風をまねく鳥の人…

で、ジブリの評価が変わることはない。ジブリの歴史的使命というのは確実に終わっているんだよ。

千万単位の人間が、まるで儀式のようにジブリ作品を劇場に観にいったのは何ゆえなのか？　僕はそこにも非常に興味がある。最終的に、これほどの大衆を動員する――これはもう**鈴木敏夫**の大計画だったわけだけどさ。

――鈴木さんの計画だったんですか？

押井　間違いなくね。あいつにはそれ以外、テーマがないから。彼の生涯のテーマのひとつが〝大衆動員〟。実質的にスタジオジブリを立ち上げたのも鈴木敏夫だから。

――でも、鈴木さん『ナウシカ』『ラピュタ』『トトロ』は製作委員会のひとりとしてクレジットされていますよ。プロデューサーというわけじゃない。

押井　クレジット的にはそうなっているけど、実質的に動き回ったのは鈴木敏夫だよ。『ナウシカ』は、当時の『**アニメージュ**』の編集長だった**尾形さん**が、同誌から発信する長編アニメーション映画を作りたいという一心で始めた企画だった。そのため**徳間康快**に、原作漫画はベストセラー級に売れているとかウソを並

やお）のこと。41年東京生まれ。58年の東映動画作品『白蛇伝』に感動してアニメに興味を覚える。学習院大学卒業後、63年に東映動画に入社。『ホルス』等を手掛ける。73年に日本アニメーションに入り『アルプスの少女ハイジ』『コナン』等を担当。79年にテレコム・アニメーションフィルムに移籍。85年からスタジオジブリに。

鈴木敏夫（すずき　としお）　48年名古屋生まれ。72年徳間書店に入社。『週刊アサヒ芸能』編集を経て『アニメージュ』の副編集長に。その後編集長となり89年にジブリに移籍する。

べてゴーサインを勝ち取ったんですよ。映画はヒットしたので原作漫画も売れ、結果的にウソじゃなくなったけど、当時はそうやって始まった企画なの。

――私も尾形さん、少しだけ存じ上げていますが、策略を練って奔走するような感じの方ではなかったですよ。

押井　そう、だからすべては鈴木敏夫なんだって。なぜジブリに対する批判的な意見が活字にならなかったと思う？　鈴木敏夫が悪口とかスキャンダルを潰していったわけじゃない。まぁ、あったかもしれないけどさあ（笑）。そういう恫喝的なことをやらなくても、メディア自体が批判を封印した。なぜなら、ジブリを貶めることで得るものが何もなかったから。ジブリは褒められることで利益を上げるようになっていたからなんだよ。いわばインナー・サークルのような関係を築いたんだよね。外からは窺い知れない情報を共有しつつ、それを外部に漏らさないことで、ある種の利益をお互いに共有する。そういうインナー・サークルが30年くらいにわたり成立し続けたことは驚異的だよ。そこには鈴木敏夫の力がモノをいったのはいうまでもない。

トシちゃんと宮さん、そして**高畑さん**の3人は恫喝を得意技としていて、3人

『アニメージュ』　日本初のアニメーション専門誌。74年、『宇宙戦艦ヤマト』の大ヒットによってアニメブームが起き、78年に徳間書店から創刊された。

尾形さん　尾形英夫（おがた ひでお）のこと。33年宮城県生まれ。『アニメージュ』初代編集長。同誌で『風の谷のナウシカ』の漫画連載を始めた。ジブリの『ナウシカ』『トトロ』等では企画、『豚』では製作総指揮。押井の『天使のたまご』でも企画としてクレジットされている。07年逝去。

による恐怖政治が始まったのがここから。トシちゃんはさしずめ秘密警察の元締めのような存在になる。

——それ、すっごく怖くないですか?

押井　そう、怖い。優れた頭脳がすべてを支配するという考えなので、何事も彼ら3人で決められていたのがジブリだから。鈴木敏夫の名言が「テーマのない人間が、テーマのある人間に使われるのは当たり前だ」だしね。

　そういう関係が生まれた発端が『ナウシカ』だった。そのなかでもっとも大きなことが、トシちゃんが、宮さんと高畑さんと組もうと決めたことなんだよ。

——じゃあ、スタジオジブリの最初の作品、宮崎監督の『風の谷のナウシカ』から語っていただきたいのですが。

押井　いや、ジブリとしての最初の作品は『天空の城ラピュタ』。『ナウシカ』は**原さん**の「トップクラフト」が制作している。

　原さんというのは、とても男気のあるかっこいい人で、自分の原作である『ナウシカ』を長編アニメーションにしたいと熱望する宮さんのその熱い思いに応えて制作を引き受けた。だから『ナウシカ』の一番の功労者は原さん。あくまで制作

徳間康快（とくま やすよし）
　21年神奈川県生まれ。43年読売新聞社入社。61年徳間書店を設立。『ナウシカ』から『千尋』までジブリ作品の製作・製作総指揮を務めた。『コクリコ坂』には当人と思われる「徳丸」なる人物が登場する。

高畑さん
　高畑勲（たかはた いさお）のこと。35年三重県生まれ。東京大学仏文科卒業後、東映動画入社。TVアニメ『狼少年ケン』で演出家デビュー。宮崎とともに日本アニメーションに移り『ハイジ』『母をたずねて三千里』『赤毛のアン』の演出を手掛ける。ジブリに入社後、最

者である原さんは、その後、スタジオジブリを立ち上げ、連続的に作品を作ってスタジオを維持していくということになってからは身を退いたんだ。

革命を成すことと、革命を維持するというのは全然別のテーマで、その先に何が待っているかと言うと一党独裁政治。それに則して考えると、そのままそこに残れば革命が裏切られる過程を見なきゃいけなくなる。おそらく原さんは、そういうのを見たくなくて最終的には退いたんじゃないかと、僕は思っている。

――『おもひでぽろぽろ』まで原さんの名前はクレジットされていますね。

押井　一応ね。でも、トップクラフトは『ナウシカ』のあとに解体され、それに代わって徳間書店の出資によってジブリが設立された。原さんは複雑な心境だったと思うよ。でも、ひとつ成功してしまうと、次も作ってみよう。作るんだったらちゃんと組織化して、スポンサーも固めたほうがいいと、どんどん環境は変化していく。映画を作るというのは、ある種の軍事作戦のようなものであり、革命と似ている部分もあって、ジブリが生まれたのもそういう流れのなかだった。

つまり、何が言いたいかというと、スタジオジブリは『ナウシカ』の成功が生みだした産物。志のある人間が集まって作ったスタジオなんかじゃなくて、言って

初の監督作は87年の実写ドキュメンタリー『柳川堀割物語』だった。

原さん
原徹（はら　とおる）のこと。35年福岡県生まれ。59年東映動画に入社し『ひみつのアッコちゃん』等の製作を担当。72年に自身の制作会社トップクラフトを設立。海外アニメを中心に制作し、宮崎の頼みで『ナウシカ』を制作。そのヒットでジブリが設立され、トップクラフトはそこに吸収される形になった。ジブリでは常務取締役。『ぽろぽろ』まで製作。製作総指揮を務めるも、同作を最後にジブリを退社した。

みれば成り行きで生まれたようなものということだよ。

『ナウシカ』はなぜ難解な作品になったのか

――『ナウシカ』は7億円以上の収益をあげたようですね。動員は90万人。これは当時としては大成功だったんですか。

押井　公開館は90くらいだったのに、その数字というのは凄いんじゃない？　同じ84年に僕の『**うる星2**』が公開されたけど、確か動員は80万人くらいだった。『**マクロス**』も同年に公開されて、これもヒットしたと思うよ。

ちなみに、公開の順番で行くと、『うる星2』が2月（11日）、『ナウシカ』が3月（11日）、そして『マクロス』が7月（21日）。これで判ると思うけど、『うる星2』は春休み前公開の、いわば「穴埋め」。しかも『すかんぴんウォーク』と2本立て。僕としては複雑な心境だった。『ナウシカ』は春休みだけど、僕の記憶では博打っぽい立ち位置だったと思う。で、本命が夏休み公開の『マクロス』。ある意味、判りやすい（笑）。

とはいえ、これだけ公開されたんだ。84年は劇場用アニメーションにとっては

『うる星2』
『うる星やつら2　ビューティフル・ドリーマー』のこと。押井の監督・脚本作で、永遠に繰り返される学園祭前夜というアイデアが光った。驚愕のラストも話題となり、後年『ダークシティ』（98）が同様のエンディングだったため、監督アレックス・プロヤスに『うる星2』の影響を尋ねたが「観ていない」と答えた。

『マクロス』
『超時空要塞マクロス　愛・おぼえていますか』のこと。TVシリーズの人気を受けた劇場版第1弾。共同キャラデザインに美樹本晴彦。ヒロインのリン・ミンメイが歌う主題歌『愛・おぼえていますか』が大

エポックな年だったと言えるよね。3本すべてがそれなりの数字を稼ぎ、アニメーション映画はマニアだけのものじゃないことを証明したようなかたちになったから。宮さん、**河森正治**、そして僕の名前をみんなが覚えてくれたのもここからだよ。

ジブリに関しては、そういう成功があって『ラピュタ』を作ったわけだけど、これは『ナウシカ』の数字を越えられなかったと記憶している。それで失敗作と言う人もいるくらい。僕はそういう状況を見て、映画監督にとっての成功や失敗には、複雑な要因がからんでいて、絶対的な評価の基準があるわけじゃないということを学んだんです。

――なるほど。で、押井さん『ナウシカ』ですよ。

押井　印象的だったのは、大仰なキャッチがついていたこと。「少女の愛が奇跡を呼んだ。」。なぜいまでも覚えてるかと言えば、僕が最初に聞いた企画とは違う方向だったから。そもそも企画の立ち上げのときに呼ばれたのが**伊藤君**で、彼が宮さんの原作を基にプロットを書いたんだよ。そのときのタイトルは『トルメキア戦記』。戦記オタクの宮さんはこれを大変気に入ったんだけど、そこに待った

ヒットした。

河森正治（かわもり しょうじ）　メカニックデザイナー、アニメーター、監督。60年富山県生まれ。『マクロス』で頭角を現した。代表作に監督もした『創聖のアクエリオン』、メカデザイン担当の『交響詩篇エウレカセブン』。変形ロボのプロ。押井とは『パト2』等のメカデザイン、『立喰師列伝』では出演を果たしている。

伊藤君　脚本家の伊藤和典（いとう かずのり）のこと。54年山形県生まれ。スタジオぴえろに入社し、押井がチーフ監督を務めたTVシリーズ『うる星やつら』で文芸、

が入った。ナウシカの物語なんだから、彼女の名前が入るべきだって言い出した人が現れた。それが高畑さん。結果的には伊藤君とそのアイデアは弾かれ、宮崎&高畑が二人三脚で『ナウシカ』を作ることになったんだよ。

――宮崎さんと高畑さんは東映時代からご一緒ですが、やはり気が合っているんですか？

押井　彼らの関係性には独特のニュアンスがあって、第三者には窺い知れないところがあるんだけど、少なくとも共に闘った同志ではあった。東映動画の労働組合の副委員長が高畑さん、書記長が宮さん。ふたりの結束力が『**ホルス**』の原動力になった。東映がまったく期待していなかったこの作品を、実質的に作画面で支えたのが宮さん。ふたりはそれ以来の、まさに同志なんだよ。

　嗜好も趣味も考え方も全然合わないにもかかわらず、ふたりは互いを必要としていた。当時、宮さんは優秀なアニメーターで、自分が演出するなんて考えていなかったからこそ、高畑さんの監督能力を高く評価していたし、高畑さんからすれば、宮さんは自分の作品を支えてくれる豪腕のアニメーター。その関係は『**赤毛のアン**』まで続いたんだよ。宮さんが初めて監督した『**未来少年コナン**』のとき

シリーズ構成、脚本を担当。のちに押井たちと『パト』の原作チーム、ヘッドギアを結成した。押井作品の脚本は『アヴァロン』まで。その他の代表作に『ガメラ　大怪獣空中決戦』、TVアニメシリーズ『.hack』等がある。

『ホルス』
『太陽の王子　ホルスの大冒険』のこと。68年製作。王子ホルスと悪魔グルンワルドの戦いを描くファンタジーアドベンチャー。作画監督に大塚康生、宮崎は原画マンとして参加した。

『赤毛のアン』
79年1月から同年12月までオンエアされた日本アニメーション製

も、実は高畑さんが協力して何本かコンテを切っている。そういう関係だから『ナウシカ』のプロデューサーとして高畑さんが参加するのは当然の成り行きだったわけだ。

――実は私、今回初めて『ナウシカ』を観たんですが、戦争ものだったのでびっくりしました。もっと穏やかなファンタジーだと思い込んでいたので。原作漫画も読んでないし、心構えができてなかったことも手伝ってか、国同士の関係性が判りづらかった。最初に地図を出して世界観を説明して欲しかったと思いました。

押井　世界観の説明はファンタジーのお約束のようなものだからあって当然だし、宮さんにも当初はそういう意識はあったと思う。そもそも元ネタは、宮さんの大好きな**『指輪物語』**や**『デューン／砂の惑星』**に違いないんだから、あったに決まっているんだよ。では、なぜなくなってしまったのか。そこには〝ナウシカの物語なんだから、タイトルにはナウシカを入れるべきだ〟と言った高畑さんの意思が介入している、たぶん。

つまり、ファンタジーの場合、まず大状況を語って、それから主人公を語るという流れが定式であるにもかかわらず、『ナウシカ』の場合は、局所的な事件から

作のTVシリーズ。高畑が演出、宮崎が作画として参加。

『未来少年コナン』
78年4月から10月までNHKでオンエアされた日アニ製作のTVシリーズ。宮崎初の監督作として知られるSFアドベンチャー作品。米国の作家アレグザンダー・ケイの『残された人びと』をベースにしているが、大きく翻案されている。

『指輪物語』
英国の作家J.R.R.トールキンが54年に発表したファンタジーシリーズ。『旅の仲間』『二つの塔』『王の帰還』の3部構成。架空の世界、中つ国を舞台に、世を統べる〝ひとつの指輪〟

始めて、そのなかでディテールを語りつつ全体像を見せるという変則的な構成になっている。これはもう、高畑さんの意図としか思えない。あの人は大状況から下ろしていくという、ある意味大仰な身振りが嫌いだから。もれなく個別状況から入る人だからね。人間の物語である以上はキャラクターの周辺から始めるべきだという確固たる考えをもっているのが高畑さん。彼はリアリズムの人で、その文法で映画を作るとしたら間違いなくそうなるんだよ。それがたとえ戦争ものであったとしても。

ファンタジーや戦記が大好きな宮さんはおそらく、ファンタジーの王道を踏みたかったはずだよ。ファンタジーを志す者はみんな同じだけど、それに対する憧れや理想から入る。宮さんだって同類だよ。そんな宮さんに〝それは映画としてはいかんのだ〟と言えた人物は高畑さんだけ。

――宮崎さんは、原作漫画があるから、ある程度説明を端折ってもいいと考えたんでしょうか。

押井　自分で原作漫画も描いているので、国同士の対立から、大破壊以前の歴史を含めて、あらゆる設定が頭のなかにすでに入っているはずではある。その膨大

を巡って善と悪が戦いを繰り広げる。ラルフ・バクシが78年にアニメ化、ピーター・ジャクソンが実写化した。

『デューン／砂の惑星』　65年に米国の作家フランク・ハーバートが発表したSF小説。のちにシリーズ化され6作まで書かれた。デューンと呼ばれる砂の惑星アラキスを舞台に、宇宙を支配するというスパイスを巡る戦い、そして救世主と革命の物語が綴られる。『ナウシカ』の王蟲は本作の砂虫の影響と言われている。84年にデヴィッド・リンチが映画化した。

な情報を2時間に収めなきゃいけないわけだから、これはとても大変な仕事になるわけだ。

でもさ、そういうときって、自分はすべて判っているから、そう簡単には観客の目線にはなれないもんなんだよ。『ナウシカ』はジブリ作品のなかでももっとも大風呂敷を広げた映画。初めて触れる人にとってはかなり難解な作品になったんだと思うよ。

——それに、もっとエコロジカルな作品だと思っていたんですが、その要素が薄いのにも驚いたんです。やっぱり戦争映画色が一番強かった。

押井　当時の劇場用アニメーションのほとんどは、好戦的な戦争映画っぽいものばかりだったのは事実。だって**『ヤマト』**『ガンダム』なんだからさ。そのほかのアニメといえば**『東映まんがまつり』**くらいだったんじゃない？

で、その戦争もののなかでもとりわけ多かったのが核戦争後の話。いわゆる**ポストアポカリプス**もの。当時はそれがとても流行っていて、**『マッドマックス』**や**『北斗の拳』**等、映画も小説もアニメもみんな同じテーマばかりだった。

当時、なぜそんな状況だったかというと、冷戦時代だったから。第三次大戦、

『ヤマト』
『宇宙戦艦ヤマト』のこと。74年開始のTVアニメが好評を博し77年にこの劇場版が作られた。人類を滅亡から救う装置を求めイスカンダル星に旅立つヤマト。企画・原案は西崎義展、監督は松本零士。のちにたくさんの関連作が作られた。

『東映まんがまつり』
69年の春に始まった、東映の複数作品による劇場公開スタイルの総称。春休み、夏休み、冬休みに公開された。90年からは「東映アニメフェア」と改名され02年まで続いた。

ポストアポカリプス
第三次大戦や核戦争によって廃墟となった

核戦争というのは、世界にとってリアルな恐怖だったんだよ。誰も冷戦が終わるなんて考えもしなかったし、冷戦が終わるときは世界が終わるときだとみんな考えていた。核戦争後の廃墟という設定を使えば、ならず者もエスパーもモンスターも宇宙人も何でもオッケー。そのなかで、世界を救うとか、やたら大風呂敷を広げた〝テーマ〟の作品がたくさん作られるようになった。あの頃のアニメーションには〝救う〟という大義名分が必要だったんだ。まあ、実際にやりたかったのはただの戦争なんですけどね（笑）。『ガンダム』も『ヤマト』も世界を救うという大義名分を振りかざした戦争映画。みんな自分のやりたい戦争を正当化するために〝世界を救う〟というテーマにしがみついたわけ。僕も戦争ものをやりたかったから、そういう心理はよく判ります。

――『ナウシカ』もそうだったんですね？

押井　『ナウシカ』もそのなかの1本で、時代の産物と言っていいと思う。ただ、宮さんは単に流行に乗ったわけじゃなく、ファンタジーとして、壮大な戦争状況のなかでひとりの少女の物語を語りたかっただけなんだと思うよ。

地球を描く小説や映画等を指す。「終末もの」ともいう。

『マッドマックス』
79年の豪州映画。砂漠と化した豪州を舞台に、妻子を殺された警官マックスの復讐を描く。砂漠化した世界は、のちのSF映画に大きな影響を与えた。本作は世界的に大ヒットしシリーズ化。メル・ギブソン版が3本、二代目トム・ハーディ版が1本作られた。監督はすべてジョージ・ミラー。

『北斗の拳』
83年から88年まで『週刊少年ジャンプ』に連載されていた漫画。原作は武論尊、作画は原哲夫。84年〜88年までTVアニメシリーズ

気分で突破する宮崎、理詰めの高畑

――『ナウシカ』、押井さんは好きなんですか？

押井　僕はまったく好きじゃありません。公開当時からそれは変わらない。世界を救うレベルの話が嫌いだし、ナウシカは完全無欠のヒロインすぎる。

――父親（族長ジル）を助けようとして、敵をメッタ斬りにするのにはちょっと驚きました。ここまで描くんだって。

押井　そうなんだよ。後半には重機関銃まで登場して、ナウシカは腰だめで撃つ。必要とあらば暴力をいとわないポリシェビズム。ナウシカは堂々と殺している。公開当時は「それが嫌だ」という人がいたし、子供文化関係のおばさんは「女の子が人を殺しまくる映画がなぜ評価されるのか理解できない」と言っていた。ある意味、まっとうな意見だと思うけどね。

――でも、自然描写は素晴らしかった！

押井　それは宮さんの十八番。『赤毛のアン』の頃から「自然描写といえば宮崎駿」と言われていたのは事実だから。単純な塗り分けだけですべてを表現できるし、

が放映され、86年には映画版も作られた。核戦争後の荒廃した世界を舞台に、北斗神拳伝承者ケンシロウの活躍を描く。

本人も「線と塗り分けだけで表現できないものはない」と豪語していた。実際その通りなのだから、これは認めざるを得ない。

ほかにも、パンを頰張ったりシチューをすすったりという、ものを食べる描写の上手さは天下一品。あとは服のボタンをかける仕草とかね。宮さんの口癖のひとつは「基本的にアニメーションは感覚の再現」というもので、これは僕も散々聞かされた。感覚を再現できるのがアニメーターであって、正確に手順を踏んで描くのはアニメートではないというのが持論なんだよ。

――それって、リアルを追求する高畑さんとは真逆じゃないですか？

押井　うん、だからふたりは全然違う。気分で突破しちゃう宮さんと、理詰めで全部やらないと気が済まない高畑さんは、演出レベルではまさに水と油。作りたいものも、たとえ大テーマで一致できたとしても、個々の場面では明らかに違う。だから、袂を分かつというのは時間の問題でもあった。

ふたりのその大テーマは、ある種の社会的なもので「人間社会はいかにあるべきか」というような話になってしまう。

そういう意味で言えば『ナウシカ』は、宮さんの原点でもある作品だろうね。

というのも『コナン』や『**カリオストロ**』には、やっぱりアニメーションの楽しさが横溢していて、ある種の爽快感とリズム感で成立している。設定の使い方やアクションの躍動感が際立ち、その一方で物語は極めてシンプル。これは、宮さんがいつも言っている「漫画映画とは、とにかく楽しいものでなくてはいけない」というポリシーに基づいていて、くだんの2作品には確かにその楽しさが息づいていた。

でも、作品をそれ以上のものにしたいのなら、あるいは、2年、3年かける大作の場合には、やはりテーマが必要になる。大上段に振りかぶったテーマだよ。『ナウシカ』で宮さんは、大テーマを掲げて、それをアニメーションの得意ワザの連続で説得しようとしたわけだ。そういう意味で『ナウシカ』は、宮さんのひとつの原点となった作品なんだよ。あとの話になるけど、そういう姿勢が『となりのトトロ』を歪んだ作品にしてしまったんだけどね。

――押井さんはよく、宮崎さんはロジックがないとおっしゃってますよね。

押井　うん。宮さんは没論理的な人ですから。彼は本能的な人間で、鋭い勘が大きな武器。高畑さんは理詰めですべて考える。「こうあるべきだ」「なぜならば」

『カリオストロ』
『ルパン三世　カリオストロの城』のこと。79年の宮崎監督初劇場作品にして『ルパン三世』の劇場映画第2弾。その昔に恩を受けたカリオストロ公国の姫クラリスを政略結婚から救おうとするルパン三世の活躍。

が常にあるのが高畑さん。

　ふたりが企画会議をしている場面を何度か目撃したことがあるけど、ディスカッションじゃなくケンカだったから。宮さんはディテールから入る人で「こういうシーンを描きたいな」等が、どんどん頭のなかで膨らんでいく。全体を見渡せる人じゃないんですよ。

――それこそオタクですね。

押井　宮さんこそ〝元祖オタク〟なんだから。オタクが欲しがるアイテムを作り出した張本人。美少女、戦う美少女、ガジェット……胸は巨大でルックスは童顔の美少女も宮さん。（『カリオストロ』の）クラリスは違うけど、ナウシカは巨乳だしね。でもそれは、宮さんに言わせれば劣情じゃなく、正当な美意識。つまり宮さんの場合、ただそれが普通の人と違うだけなんだよ。アニメーションって特殊な形式で、作った人間のフェチが丸出しになってしまうから仕方ないんだけどね。

――ナウシカの自己犠牲はどうです？

押井　それも宮さんの得意ワザ。宮さんは僕の『**天使のたまご**』を観て「まるで特攻隊だ」と表現したんだけど、それは映画の作り方が、帰って来ることを考えて

『天使のたまご』　85年に製作された押井守、原案・監督・脚本によるOVA作品。廃墟の町で少年と、たまごを抱えた少女が出会う。キャラクターデザインは天野喜孝。

いない特攻隊のような感じだったからで、「アンタ、あんなものを作っちゃダメなんだ」ということになる。

じゃあ宮さんはどうかというと、確かに映画の落としどころは知っているだろうけど、描いているものは特攻隊そのもの。自己犠牲によってしか救われないという物語ばかり描いている。『ナウシカ』から『ラピュタ』、『もののけ姫』なんてその最たるもの。僕は自己犠牲なんて大嫌いだから、一回もやったことはありません。

——押井さんの言うことも判りますが、自己犠牲はやっぱり目頭が熱くなりませんか？

押井 だから『忠臣蔵』なんだよ。最後は腹を切ればいいというのは、日本人の心のなかに必ず眠っている価値観。僕は大嫌いですから。

——でも、押井さんの好きな**ジェームズ・キャメロン**は自己犠牲映画をたくさん作ってますよ。**『ターミネーター』**や**『アビス』**なんて自己犠牲映画のホームラン王じゃないですか。

押井 ヒーロー映画は基本的に自己犠牲でしか成立しないんだよ。『ターミネー

ジェームズ・キャメロン
米国の監督・脚本家・製作者。54年カナダ生まれ。ロジャー・コーマンの会社のSFXマンからキャリアを始め『ターミネーター』で注目される。代表作に『タイタニック』『エイリアン2』『アバター』等。脚本を書け、VFXに明るいのが強み。

『ターミネーター』
ジェームズ・キャメロン監督・脚本の84年製作のSFアクション。マシンに支配される未来から、ふたりが現代のロスに送り込まれる。ひとりは人類の救世主ジョン・コナーの母親サラを救おうとする戦士カイル・リース、もうひとりはジョンを消す

ター』の場合は、カイル・リースが、写真のサラ・コナーに恋をして過去にタイムトラベルする。彼女を救うために命を差し出すわけだから、筋は通っている。じゃあ『ナウシカ』は何のために死のうとしたのか？　それ判る？　おそらく判らないと思うよ。主人公の心理線を辿り、彼／彼女がそこで何を考え、どの時点で命を差し出そうと決意したのか。それを観客に辿らせてあげるのが演出の基本。でも、宮さんはそのプロセスをちゃんと踏まないから、ストーリーがよく判らない。

　とはいえ『ナウシカ』は、そういう宮さんの欠点がまだ顕わになっていない作品ではある。そういうストーリーの甘さや、実は破壊や殺戮が好きなところも、まだ露骨じゃない。宮さんの本質がギリギリのところで見えにくい。要するに、時代の産物である核戦争後の廃墟の物語というバランスのなかで、わりと幸せな一致を見た作品ではあるんだよ。

　とはいえ僕の目は、それでも宮さんの暗黒面の萌芽をあちこちに見てとれるんだけどさ（笑）。

ためサラを亡き者にしようとマシンが送り込んだアンドロイド、ターミネーターだった。のちにシリーズ化され合計5本が作られたが、キャメロン自身が監督を担当したのは本作と『2』の2本だけ。

『アビス』
　89年製作のSF映画。海底油田の採掘基地で人類が出会ったのは未知の生命体。彼らの目的を知ったとき主人公は……。SF好きでダイビング好きで自己犠牲好きのキャメロンらしさが詰まりまくった作品。主演エド・ハリス。

押井守的宮さん最高傑作！

『天空の城ラピュタ』

宮さんの漫画映画の理想が形になった『ラピュタ』

――次は『天空の城ラピュタ』です。『ナウシカ』から2年半ほどで公開された冒険ファンタジーアニメーションですね。脚本は宮崎さんのオリジナル。

押井　確か『ラピュタ』を作っていた前後だと記憶しているんだけど、僕はフリーになったばかりで毎日、**二馬力**に通っていたんだよね。だから宮さんとはいろいろ話していたし、トシちゃんもよく来ていたから3人で飯を食ったり、いつもワイワイやっていた。

二馬力
84年に宮崎が設立した個人事務所。名前の由来は自らの愛車、シトロエン2CV。2CVとは二馬力の意味。16年にジブリに吸収合併された。

STORY
少年パズーは、空から落ちてきた少女シータと出会う。彼女は空に浮かぶ伝説の帝国ラピュタ王家の末裔だった。ラピュタの秘密を手にしたい特務機関のムスカ、空中海賊ドーラ一家に狙われつつ、シータとパズーはラピュタを探す冒険に出る。

キャスト：田中真弓　よこざわけい子　初井言榮　原作・脚本・監督：宮崎駿　プロデューサー：高畑勲　公開日：1986年8月2日　上映時間：約124分　興行収入：約11.6億円　キャッチコピー：ある日、少女が空から降ってきた…

――そういう時期もあったんですね。だったら『ラピュタ』のバックグラウンドには詳しいとか？

押井　いや、別にそういうことはないけど、『ラピュタ』は結構好きかな。もしかしたら宮さんの作品のなかで一番好きかもしれない。

――『ラピュタ』のほうが好きなの？『ハウルの動く城』が一番好きだと思ってました。

押井　『ハウル』は、宮さんが珍しく本音でいいことを言っているから評価しているわけで、完成度で言うなら『ラピュタ』のほうが上。技術的なこと、作画の面で言うと、あちこちにボロが出ているけどね。当時はスタッフが揃っていたわけじゃなく、それを宮さんが力技でカバーして、やっと完成にこぎつけたというのが内情。だから、最終ロールでいきなりクオリティが下がっていて、エンディングなんてTVアニメ並みだから。

でもストーリーは、古典的な構造をもった少年少女の冒険物語として非常に魅力があり、よくできている。まさに王道だよ。ある種、『カリオストロ』に近いのかも。みんな『ラピュタ』にいい印象をもっているのは、そのせいなんじゃない。

――王道といえば、オープニングの画がまるで絵巻物のようで、いかにもファンタジー。ちょっと**カレル・ゼマン**っぽいところも好きでした。

押井　あれは「なるほど、この手で来たか」という感じだよね。昔からある古典的な表現を、いまの時代のデザイン、いまの時代のグラフィックな作画でやってみたわけだ。この頃の宮さんには、まだそういうモチベーションがあった。つまり、かつて自分が観たものに対する憧れ、それを自分の手で生み出したいという気持ちが確かにあったんだよ。だから『ナウシカ』と『ラピュタ』には、宮さんのファンタジー力というか、ファンタジーの教養が全面展開している。それは宮さんのいい部分。

――そういうファンタジーのシーン、『ラピュタ』にはたくさんありますよね。

押井　僕がさすがだと思ったのは、パズーが監獄に放り込まれ、ムスカにお金を貰ってトボトボと帰って来るエピソード。パズーは「自分は無力だ、何もできないんだ」という現実を突きつけられて打ちのめされるんだけれど、そこから見事立ち直って、もう一回、あの要塞に突撃する。そのときのパズーは超人的な活躍をみせるから、確かにありえないと言う人もいるかもしれない。でも、それを敢

カレル・ゼマン　10年生まれのチェコスロバキアのアニメーション監督。ジュール・ヴェルヌの原作を基にした、『悪魔の発明』(58)がつとに有名。モデルアニメや切り絵、俳優を自在に使い、その風合いはエッチングの版画のよう。ヴェルヌが考えただろう空想科学小説の世界を見事にビジュアル化している。89年逝去。

えてやるのが漫画映画。もっと言えばそれこそが映画なんだよ。
　お金を貰ったことでパズーは、シータを売り渡したような気持ちになる。もし、そこで終わってしまえばリアリズムとしては成立するだろう。父親が変人扱いされ、たったひとりで生きてきた少年に突きつけられる現実。僕は好きになった少女ひとりさえも助けられないのかってね。「人生は厳しく、残酷なものだ」というだけの物語で、どこが**ネオレアリズモ**と違うんだということになる。で、そんなの誰が観たいのかと考えるのが宮さん。それこそが宮さんの映画に関する思想のすべてなんだよ。「ウソは承知で、敢えてやる」という考え方だよ。

――そういう展開には痛快さがありますよ。

押井　『ナウシカ』にもその要素はあるけれど『ラピュタ』の場合は正面からぶつかっているから、まさに真骨頂と呼べる大胆さがある。打ちのめされ、それから再び立ち上がってからが、言ってみればファンタジーで、宮さんの漫画映画の理想になる。それを堂々とやってみせて、みんなが爽快感を味わうんだから、素晴らしいことには違いないよ。
　でも、その一方で、残念な矛盾点もある。「（映画を）観ている間、信じられれば

ネオレアリズモ
　40年代から50年代にかけてイタリアで起きたリアリズムを追求する風潮。映画や文学にその影響が大きく、映画ではロベルト・ロッセリーニの『無防備都市』（45）、ヴィットリオ・デ・シーカの『自転車泥棒』（48）が有名。

いい」というコンセプトで作っているくせに、びっくりするような残酷さがあるじゃない？　ゴリアテ（飛行戦艦）から兵士たちがバラバラと落ちていくシーンだよ。しかも、その様子を眺めながらムスカが「見ろ！　人がゴミのようだ」と言って笑うんだから、あれには正直、かなりびっくりした。残酷さはファンタジーに付きものの要素だとはいえ、この映画でやる必要があるんだろうかと思ったわけ。僕に言わせれば「不必要な残酷さ」。作品が目指しているものと、実現したものがある種の破綻を起こしている。それは宮さんのもっている本質的な残酷さだと、僕は思っているけどね。

——確かに、ちょっとぎょっとしました。

押井　うちの**師匠**だって絶対、それは避けるよ。それは『魔女の宅急便』の飛行船の落下シーンと同じ。まあ、それについてもまた話すけど、少なくともうちの師匠は激怒していたから。

——宮崎さん、盛り込みたい性格なのでは？

押井　そうそう。スペクタクルを描かなきゃ映画として成立しないと思い込んでいる。そのゴリアテのシーンも本人はスペクタクルのつもりでやっているんだろ

師匠
　アニメーション監督・脚本家・小説家の鳥海永行（とりうみ ひさゆき）のこと。タツノコプロでキャリアをスタートし、のちにスタジオぴえろに移籍。代表作に『科学忍者隊ガッチャマン』（72）、『ニルスのふしぎな旅』（80）、『太陽の子エステバン』（82）等がある。押井は彼のあとを追ってタツノコからぴえろに移ったほど。その関係性は、押井による弊社エッセイ本『友だちはいらない。』に詳しい。

うけど、結局、そうは見えてないから破綻しているんだよ。

海賊ばあちゃんは世間のシンボル

――盛り込みたいシーンをいろいろ考えるんですかね？

押井　宮さんは脚本を書かなくて、その代わりに大学ノートにびっしりメモを書く。自分のやりたいシーンを細かく書くんだよ。ストーリーや言わせたいセリフとか、あらゆることをメモり、それをベースに絵コンテを切っていく。

宮さんが『ラピュタ』の最後の絵コンテを切っている頃にスタジオに行ったら、その部分のコンテについていろいろ話してくれた。ほら、ラピュタが崩壊したあと、海賊のばあちゃん（ドーラ）が、ちゃっかり懐に宝を入れていて「さんざん苦労して、これっぱかしさ」と言うシーンがあるじゃない？　僕が見せてもらった絵コンテには確か、ドーラがパズーたちに「お前たちには絶対必要になるから、これを持っておいき。邪魔にはならないよ」みたいなセリフを言うシーンもあって、宮さんは「これがいいんですよ！」と自画自賛していた。

――完成版にはないですよ。

押井 うん、なぜ切ったのかは知らないけれど、僕もそのエピソードとセリフはいいと思った。要するに、このドーラというばあちゃんは〝世間〟みたいな存在で、若いふたりが知らない知恵をたっぷりもっている。だからこそ、お金は将来必要になるということを教えてくれるわけだ。シンドバッドじゃないけど、大冒険の末、宝はすべてなくしても、一番大切な宝であるお姫様はちゃんと手に入れました、なんてことじゃあ世間では成り立たない。宝の一握りくらいは必要だというう現実を、ドーラは教えてくれる。つまり、このばあちゃんは世間のシンボルのような存在で、僕はそこに「なるほどな」と思ったわけ。映画の落としどころとしての社会性。若いふたりがこれから辿るだろう人生を感じさせるじゃない？　こういう要素がなければ、ただの絵空事に終わってしまうだろう……なんてことを、いろいろと僕も教えてもらったんだよ。ファンタジーを、単なる絵空事に終わらせないために、この社会性の必然を感じたんだよね。

フェティッシュと語りたい物語

――あと、押井さんが『ラピュタ』でよく言うのは、パズーのおやじ化ですよね。

沖浦　沖浦啓之（おきうらひろゆき）のこと。アニメーター、アニメ監督。66年大阪府生まれ。92年『走れメロス』（キャラクターデザイン・作画監督・絵コンテ）等を手掛け、押井原作の『人狼 JIN-ROH』（00）で監督デビュー。その他の作品に12年『ももへの手紙』（原案・監督・脚本・絵コンテ）等。参加した押井作品は89年『パト1』（原画）、93年『パト2』（原画、作画監督補佐）、95年『GHOST IN THE SHELL／攻殻機動隊』（キャラクターデザイン・作画監督・レイアウト・原画）、04年『イノセンス』（キャラクターデザイン・作画監督・原画）。

押井　シータを自宅で眠らせ、一夜明けたとき、パズーが自分の胸をボリボリと掻く。これはもう完璧にオヤジの仕事で、少年とは思えない。「オレにもオンナができたぜ」みたいな感じ。おそらく宮さんは無意識にそういうシーンを入れたんだろう。でも、そうやってクリエーターの趣味嗜好や欲望がまんま出てしまうのがアニメーションなんだよ。**沖浦**の場合で言えば足首の太い女の子だし、僕で言うと女性の手足が好きだから、ついそっちを描いてしまうとかだよね。だから、アニメーションはフェティッシュの形式とも言えるんですよ。

――（『ルパン三世（TV第2シリーズ）』の最終話に出てくる）ラムダに似たロボット兵も、宮崎さんの欲望の塊なんですか？　元ネタは**フライシャー兄弟**だと言われていますが、アレンジはとても宮崎さんっぽいですよね。

押井　フライシャー兄弟のロボットが元ネタだけど、あと出しジャンケンだから、宮さんのロボット兵のほうがいいのは当たり前。腕から羽のような翼が何枚も出て空を飛んだり、身体に緑の枝や葉っぱがついていたりと、本当にいろんなアイデアが満載されている。しかも、それを説得力をもって描けるから、その才能は本当に素晴らしい。宮さんが『ラピュタ』で愛しているのはロボット兵とシータ。

フライシャー兄弟
マックス&デイブ・フライシャーのこと。21年にフライシャー・スタジオを設立し、『ベティ・ブープ』『ポパイ』『スーパーマン』を製作。劇場用長編は『ガリバー旅行記』(39)、『バッタ君町に行く』(41)等。なお、『ラピュタ』のロボット兵のモトネタは『スーパーマン　なぞのロボット大暴れ』に登場する銀行強盗ロボ。

一番愛しているのはロボット兵だね。

なぜかと言えば、あれは宮さん自身だから。宮さんによる自分の定義はエスコートヒーロー、大切な女の子を守るモンスターです。あの人の自己意識は完全にエスコートヒーローで、それが爆発しているのが『紅の豚』であることはまた語るけど、ここに宮さんの映画が常に破綻している理由がある。つまり、語りたい物語や描きたい画と、自分の性癖とがいつも闘っているんだよね。だったら自分のフェティッシュを封じ込めればいいと言う人がいるかもしれないけど、それこそが作品を作るモチベーションなのでできるはずがない。だから、時にめちゃくちゃバランスの悪い作品が生まれてしまう。『ナウシカ』やこの『ラピュタ』が誰にでも普通に楽しめるのは、比較的そのバランスが取れているからなんだよ。

――じゃあ、バランスのもっとも悪いのが『紅の豚』、なわけですか?

押井　そう、まさに宮さんのなかでバランスが崩れた瞬間が『紅の豚』になる。宮さんの作品には、だから常にそういう危うさがある。それにもかかわらず、多くの人が宮さんの作品に魅せられてしまうのは、ディテールの凄さ。彼はディテールに対する執着が凄まじく、しかも説得力もある。それこそ宮さんの類いまれな才能で、誰も真似できない。だから、少々ストーリーが矛盾を抱えていたり、破綻していても、何となくみんな説得されてしまう。冷静になればツッコミどころ満載であるにもかかわらず、見ている間、そんなことが気にならないんだよ。宮さんは、ドラマツルギーとか構造がある人じゃないんです。

――その原因は、脚本ではなく絵コンテを切ることから始めるせいなんですか？

押井　脚本の才能はないよ。うちの師匠とは正反対。師匠の口癖は「演出は脚本がすべてだ。自分の思いなんて入れなくていい。そんなもんは家に帰って日記に書いとけ」だったから。「まず監督としての義務を果たせ」とも言われていた。監督は常に客観性をもち、絶えず修正し続けるんだということを、僕も教え込まれましたから。

――じゃあ、宮崎さんは……。

押井　ゼロです。客観性なんてカケラもありません。

――ゼロとは凄いですね。

押井　本人はあると思ってるけど、ゼロです。

――そういうこと、宮崎さんに直接、言ったことあります？

押井　うん、散々ケンカしているけど、その原因の多くはそういうことだったから。「映画は熱い思いで作るもんだ」というのが宮さんで、僕は「それだけじゃ、ダメでしょ」。だから常にぶつかっていた。

――でも、宮崎さんの映画には、確かにそういう〝熱さ〟を感じますよね。だから共感する人が多い。

押井　僕は自分のスタッフから「あんたの映画には、宮さんのようなキャラクターは絶対出てこない」「だからダメなんだ」とか、「あんたの登場人物には感情とか情緒がないんだよなー」とか、言われてるよ。

――それ、意外と正解なのでは？

押井　もちろん正解ですよ。だって、そうやって作っているんだから先刻承知だって。キャラクターに思い入れすることで（物語を）成立させているんじゃなくて、映画の構造で説得しているんだから、宮さんとはまったく違うんだよ。だからこそ、宮さんの作品の構造がよく見えてくる。僕は人の映画を観るときは、構造的なものしか意識しない。それこそが映画の本質だから。

――あと、『ラピュタ』にも、ちょっと説教臭いところがありますよね。天空の人はこうやって滅びたんだという部分。

押井　人間は大地に根っこを張って生きるものだという考え。「ほうら出てきた」って(笑)。森林信仰であり農村回帰ですよ。でも、大地に生きることだけやっていたら、人間は人間にならなかった。だって文明拒否だよ？

——だから時代を産業革命時にしているの？

押井　そこがおかしいんだよ。パズーが住んでいる炭鉱町とラピュタの本質的な違いなんてないでしょ。どちらも機械文明なんだから。それを否定してパズーたちはどうやって生きていくの？　あの子が乗っている飛行機はどうするんだって。パズーが飛行機マニアという設定と、大地に帰れという『ラピュタ』のテーマとは対立しちゃうんだよ。言うまでもなく、パズーが飛行機マニアなのは、宮さんがそうだからなんだけどね。

——それが「語りたい物語と、自分の性癖の闘い」になるわけですね。

押井　宮さんが言っていたのは「空中戦は世界で一番上手に描ける自信がある。でも、やらないんだ」。なぜ、やらないかというと、戦争を肯定したくないから。でも、本当にやりたいのは空中戦。そこに矛盾を抱えているんだよ。

その一方で、戦闘機や爆撃機、戦車とか、あらゆるものを描いている。要するに宮さんは軍オタ。間違いなくマニアで、それは僕も同じだからよく判る。ただ、お互い好きな時代がずれているのでバッティングはしない。宮さんは第一次大戦と第二次大戦の間まで。僕の場合はそのあとで、趣味は一致していない。だから共存できたんだよ。宮さんが評価するのは**レシプロ**だけで、ジェット機は大嫌い。要するに複葉機とか、見える技術が好き。見えない技術を憎んでいるくらいだから。僕はジェット機大好き。でもさ、僕に言わせれば、複葉機であろうがジェット機であろうが、生まれたその時代の最先端の技術には変わりがない。時代が変わっただけで、本質は何も変わっていないんだよ。

——なるほど。そういう宮崎さんの抱える矛盾については、これからもたくさん出てきそうですね。

レシプロ
レシプロエンジンのこと。20世紀前半の自動車や航空機等の動力源。レシプロとは往復を意味するレシプロケーションの和製略語。

〝作家〟が目覚めるとき『となりのトトロ』

鎮守の森のファンタジーを成立させた〝洋館〟

――では『となりのトトロ』です。この作品、アニメーションとしては初めて『キネマ旬報』の年間ベストワンに選ばれた。宮崎さんが映画界、映画評論家という人たちに注目されるようになった最初の1本だと思いますよ。

押井　そうだったっけ？　麻紀さんはいつ観たの？

――実はずっと観てなくて、今回初めて観たんです。思いのほかよかったのでちょっと驚いちゃって。これも宮崎さんのオリジナル脚本ですよね。

STORY
小学6年生のサツキと妹のメイは、父親に連れられ母親が入院する病院近くの農村に越してきた。森の近くに建つ和洋折衷の一軒家での暮らしを楽しむふたり。そんなある日、子供にしか見ることのできない不思議な生き物トトロに出会う。

キャスト：日高のり子　坂本千夏　糸井重里　島本須美　北林谷栄　原作・脚本・監督：宮崎駿　公開日：1988年4月16日　上映時間：約86分　興行収入：約11.7億円　キャッチコピー：このへんないきものは、まだ日本にいるのです。たぶん。

押井　一応、そういうことになっているよね。元ネタがないということはありえないんだけど、敢えてそれを言わないというのもジブリ神話を支えた要素のひとつ。

――『トトロ』の原作者としてクレジットされているのは一応、宮崎さんですよ。

押井　それはそうなんだけど、宮さんの元ネタは北欧民話に登場するトロール。それを自分流にアレンジして登場させている。日本には鎮守の森の伝承や民話があるものの、そこには擬人化された妖精は出てこない。せいぜい出てきても座敷わらしくらいかな。じゃあ、日本には存在しないそういう妖精を、どうやって登場させようとしたのか。そのひとつのポイントになるのが、一家が移り住む田舎の一軒家。

――田舎にもかかわらず、家の一部が洋館の佇まいというのが印象的だった。大学で教えているらしいパパがそこでお仕事してましたけど。

押井　そう、なぜなら『トトロ』は昭和30年代の日本の田舎を舞台にしながらファンタジーを語ろうとした作品で、それをより説得力のある物語にするにはヨーロッパ的な要素が必要になる。日本の鎮守の森の物語を、そのままファンタジーに転化することはできないので、宮さんはトトロというトロールのような妖精を登場させ、家の一部を洋館にしたんだよ。そういう設《しつら》えをしないと、鎮守の森の物語はファンタジーとして成立しない。そのまま差し出せば**諸星大二郎**の世界だから。

──確かにそうかも。

押井　売る側としては、やはり宮崎駿のオリジナルとして売りたいわけじゃない？　最初の『ナウシカ』のときから、〝宮崎駿の世界〟というふうに売っていたわけだし。

──その傾向は、この『トトロ』から強く感じるようになりましたよね。

押井　そういう色を作ったのは誰だと思う？

──鈴木さん？

押井　そう。トシちゃんがセット売りを始めたんだよ。

──その洋館ですが、宮崎さんの作品だけじゃなく、高畑さんを除くジブリ映画の監督は洋館が大好きですよね。

押井　それはヨーロッパのファンタジー小説を日本を舞台に翻案しているから

諸星大二郎（もろほしだいじろう）　漫画家。49年長野県生まれ。日本の歴史や伝奇等を題材にした作品で知られる。代表作に『生物都市』『妖怪ハンター』『マッドメン』等。

で、『トトロ』と同じように洋風な設《しつら》えが必要になる。そもそも、ファンタジーを志向するということはヨーロッパの教養なしには成立しないからさ。宮さんもヨーロッパ大好きですよ。それはもう当たり前のこと。

――お父さんがメガネをかけているのも、いつものジブリですよね。

押井　だって宮さんだからね。言っておくけど、ガキ大将のような田舎の少年（カンタ）も宮さんの分身。そんなの当たり前。アニメーションなんてもれなくそうだから。キャラクターは監督のアルターエゴなの。『ガンダム』の**アムロ・レイ**も**シャア**も**富野さん**の分身だって知ってるでしょ？

――押井さん、みんなの夢を打ち砕くようなことを……せめてシャアだけはやめてというファンの悲鳴が聞こえましたよ（笑）。

押井　何言ってるの。決まってるじゃない。僕だってそうだよ。**バトー**とか**荒巻**とかは、そういう意味で言えば僕の分身。僕はああいうクソジジイになりたいんですから！　**トグサ**の出番が少ないのは、自分の部分が少ないし興味がないからだよ。

アムロ・レイ
『ガンダム』に登場するガンダムのパイロット。

シャア
『ガンダム』に登場するジオン軍のエースパイロット、シャア・アズナブルのこと。アムロ・レイの好敵手。

富野さん
富野由悠季（とみのよしゆき）のこと。アニメ監督、脚本家。41年神奈川県生まれ。虫プロでは『鉄腕アトム』を手掛け、『海のトリトン』で実質的に初監督となる。『機動戦士ガンダム』でブレイク。その他の作品に『伝説巨神イデオン』等。

『トトロ』は大仰。『めいとこねこバス』こそ傑作

――で、話を戻して『トトロ』です。

押井　『トトロ』を語るには、宮さんの『**めいとこねこバス**』に触れないわけにはいかない。**ジブリ美術館**でしか観られない短編だけど、これは正真正銘の傑作です。これこそ子供が観るべき作品だし、紛れもなく宮さんは子供たちに見せるために作っている。上映時間は15分くらいだけど、子供が一瞬たりとも目を離さないような作り。子供が観たら大コーフン、たまらないと思うよ。宮さん得意のディテールだけの映画だから当然、素晴らしいし。いわゆる、アニメーションの楽しさにあふれた作品だよ。

――もう絶賛ですね。

押井　うん、これは手放しで褒めたい。でも、それに比べて同じネコバスが出る『トトロ』はどうなんだってこと。そもそも、あんなに大上段に構えるような物語じゃないでしょと言いたい。

――そんなに大袈裟でしたっけ？　都会の家族が田舎に引っ越してトトロに会

バトー
『攻殻機動隊』シリーズに登場する公安9課所属の電脳戦のプロフェッショナル。身体のほとんどが義体化されている。隊長である草薙素子の相棒的存在。イヌ好きで愛犬はバセットハウンドのガブリエル。

荒巻
荒巻大輔のこと。『攻殻』シリーズに登場する公安9課の部長で素子やバトーの上司。ハリウッド実写版ではビートたけしが演じた。

トグサ
『攻殻』シリーズに登場する公安9課のメンバー。彼だけが家族もちで、義体化も少ない。

うというだけの映画ですよ。むしろ小さくないですか？

押井　それは見えている物語。語られざる部分が問題なんだよ。あの家族がなぜ田舎に引っ越したかというとお母さんの静養のためで、それはひとつの動機付けにはなっている。でも、お父さんと姉妹を見てヘンだとは思わなかった？

――めちゃくちゃ田舎暮らしを楽しんでいるなーとは思いましたよ。それと、またパパがインテリだって（笑）。

押井　まさに、そこが問題なんだよ。お姉さんのサツキはまだ小学生だというのに、嫌な顔ひとつせずせっせと家事を切り盛りして、父親は自分の研究みたいなことに没頭している。何が言いたいかといえば、果たしてそんな家族がいるのだろうかということ。つまり、すべてが宮さんの妄想の産物なんだよね。宮さんの頭のなかに存在する親であり子供であり、さらには農村である。「子供が楽しめる作品にしたかった」というんだったら、そういう要素はいらないの。舞台は昭和30年代でしょ？　わざわざ田舎に引っ越さなくても東京近郊でも森林は残ってるって。にもかかわらず敢えてそうしているわけで、僕に言わせればそれが「大仰」なんだよ。結果的には、宮崎駿という看板を背負った作家の映画になっちゃっ

『めいとこねこバス』
02年からジブリ美術館で上映されている宮崎駿による短編アニメーション。さまざまなねこバスが登場する。上映時間は14分。

ジブリ美術館
三鷹の森ジブリ美術館のこと。01年に開館。地下の映像展示室〝土星座〟では『めいとこねこバス』『コロの大さんぽ』『やどさがし』等、宮崎の短編が上映されている。屋上には『天空の城ラピュタ』のロボット兵の等身大モデルも。宮崎ファンを公言する監督ギレルモ・デル・トロはこの美術館に行くため自腹で家族と来日したほど。ここでしか買えないロボット兵を手に入れ大喜びした。

た。なぜって、主張が入っているから。そりゃあ高畑さんほど露骨じゃないとはいえ、ある種の農村崇拝には違いないからね。

――たとえそうであっても、子供も大人も楽しめたんじゃないですか？

押井　僕は珍しく『トトロ』は劇場で観たんだけど、子供たちはその辺を走り回っていた。なぜだと思う？　トトロが出てくるのが遅いからだよ。それまで退屈なんでみんな通路で遊んでるわけ。子供を楽しませたいのなら、すぐにトトロを登場させなきゃいけないのに、もったいぶってそうしてないでしょ？　しかも、出てきてもイビキかいて寝てるだけで何もしない。じゃあ、子供たちはメイに共感するかというとそうでもない。彼女を「かわいい」なんて言うのはもっと年上の、それこそおばさんとかばあさんだよ。だから、別に宮さんは子供の目線で作ったわけじゃないってこと。明らかに、この作品を楽しんだのは大人たちのほうだよ。

――そうか、だから『キネ旬』のベストワン。

押井　そういうこと。正直、最初はそこまで確信がなかったんだけど『めいとこねこバス』を観ちゃうと、僕の考えが絶対正しいということになっちゃったわけ。

――でも、押井さんの考えは、「宮崎さんはこういう意図で作ったはずなのに、そうなってない」ってことでしょ？　敢えて、その意図を考慮しなければ『トトロ』もいいと思いませんか？

押井　何言ってるの、それは全然違うよ。僕が言っているのは、宮さんの作品を観客がどう思うかじゃなく、宮さん自身を語っているの。「宮さんの頭はどうなっているのか？」それを考察しているんだから、勘違いしちゃいけない。

　だから、宮さんが「子供のために作った」というその「子供」は、宮さんが妄想する子供。あの人が理想とする子供にすぎないということを言っておきたい。

――宮崎さんが好きなのは健気でかわいいメイやサツキなわけですね？

押井　そうそう。自分の映画を観に来る子供もそうあるべきだと思っている人だから。ゲームに夢中だったりTVが大好きなんていうのは、宮さんにとっては否定すべき子供。

――ゲームは判るけど、TVもダメなの？

押井　もちろん。「子供はTVなんて観るべきじゃない。私の作品をTVで観て欲しくない」というのが宮さんの本心。

――ジブリの作品って配信がまったくないんですけど、そのせいなんですか？

押井　おそらく。ＤＶＤを出すことすら嫌がったから。宮さんの持論は「手間隙かけて観た漫画映画が子供の記憶に残る。いつでもＤＶＤをトレイに乗せるだけで観られますというんじゃ、記憶には残らない」。本人が言っていたけど「年に一度、もしかしたら2年に一度、そうやって観られたのが漫画映画。だからこそ一生覚えている」ということだよ。そういう意味でも、宮さんにとってアニメーションはスペシャルなんだよね。ほら、宮さんってウォルト・ディズニーを嫌っているじゃない？　その理由、判る？

——いや、いつも何でだろうと思ってました。

押井　僕が思うに、ほかのアニメーションを全部駆逐した上に、アニメーションを産業にしちゃった張本人だからだよ。トトロをジブリのロゴマークにしているにもかかわらず、続編を作ったりしないのは、ミッキーマウス化したくないという宮さんの気持ちの表れなのかもしれないよね。

——それ、かなり説得力ありますね。

押井　宮さんは、自分の経験に重ねて、子供たちにとっての特権的な時間、非日常を演出したいんじゃないのかな。映画というメディアは、どこまで行っても非日常性をもっているから。

——私も、いそいそと劇場に行って観た高校時代の映画はよく覚えています。

押井　昔のTVなんて前情報がないから、今週はどんな作品で誰が監督かなんて何も判らない。『**ウルトラセブン**』のオープニングを観てやっと「あ、今週は**実相寺昭雄**だ」って判る。だからこそよく覚えているというのはあるし、確かにいまはYouTubeで観られたりするから、数のなかに迷い込んでしまって印象が薄くなる。だから気持ちとしては判るけど、『めいとこねこバス』に関しては、どういう状況で観ようが、子供たちにとっては忘れられない1本になるのは間違いないって。学校を回って子供たちに見せるべきだと思うし、絶対子供たちもいつでも観たいはずだからDVDにすべきだって言ってるの。

——うわー、とことん絶賛。

押井　文句なく、宮さんの最高傑作だって言ってるじゃない。本当にびっくりした。この人は凄いよって、マジで思ったから。宮さんは短編の名手だよ。

——でも、長編を作っている……。

押井　短編じゃ商売にならないから仕方ない。そこもまた、宮さんが抱える〝矛

『ウルトラセブン』　67年から68年までオンエアされていた円谷プロダクションの特撮TVシリーズ。宇宙からやってきた正義の味方ウルトラセブンと、侵略者から地球を守るウルトラ警備隊の活躍を描く。

実相寺昭雄（じっそうじ あきお）　映画監督、脚本家、小説家。37年東京生まれ。監督の代表作に『曼陀羅』（71）、『あさき夢みし』（74）、『帝都物語』（88）等。『ウルトラセブン』では「狙われた街」「第四惑星の悪夢」「円盤が来た」等を監督した。06年逝去。

盾〟だよね。ＴＶも嫌いなはずなのに、いつの間にかＴＶに愛される存在になってしまったし、そういう矛盾を体現している人と言ってもいい。簡単に言ってしまえば、自分のなかに一貫性がない人なんだよ。

――『ラピュタ』のときに押井さんがおっしゃっていた「語りたい物語と、自分の性癖」ですね。

押井　うん。環境派のくせに、乗っていた車は２ＣＶ。排ガスを撒き散らす車に、敢えてハイオクで乗っていたし、戦争反対のくせに空中戦が大好きで軍事オタク。僕が知っている限りでは、読んでいる本の９割は戦記や戦争ものだったから。それは僕と同じだけど、僕は「戦争とは人間がなした最大の文化事業」と公言してる。でも、宮さんはもちろん違うじゃない。本当にいろんな矛盾を抱えているんだよ。

――でも、その矛盾のせいで面白い映画が生まれるんじゃないですか。

押井　確かに、それが宮さんの作っている作品の面白さでもある。でもさ、僕が言いたいのは、認めちゃえばいいのにってこと。「戦争は嫌いですが、空中戦は大好きです」って言ってしまえばラクなのにって思うんだよ。

――でも、言えなかったんですよね。

押井　そこにはトシちゃんの影響もあるよ。彼が宮さんのひとつの側面、作家であり文化人である部分だけを拡大して世に送り出したということがある。でも、それがイヤなら「やめろ」と言えば済むだろうに、それを受け入れてしまったじゃない？　僕は一時期、〝デジタルの旗手〟扱いされたことがあって、それは頑なに否定したからね。宮さんだってできたはずだよ。それはつまり、彼の処世術のようなもの。さらには、そもそも本人が矛盾を抱えてしまうようなキャラクターだったたってことなんだよ。

人間はそういう自己矛盾を抱えて生きるのが当然だし、そういう葛藤のない人間がいるはずがない。僕だってそれは同じ。メディアで仕事しているから、そういう矛盾をより抱えることになる。そもそも、メディアで仕事するってどういうことだと思う？

――みんなの目に晒される？

押井　いや、コピーで食っているということ。自分が作ったものをコピーして売っているようなもんだよ。そこにオリジナルを見つけるのは難しい。

――押井さんはそれを認められるけど、宮崎さんはできない？

押井　なぜなら、宮さんは絵描きだから。絵描きである以上、オリジナルで勝負したい。高畑さんのような、絵は一枚も描かない100パーセント監督人間は、基本的にそういう葛藤をもちようがない。自分の手で創造したものは何ひとつとしてないから。僕が小説を書いているのもそういう理由。

――ひとりで何かを創造したい？

押井　うん。それだって結局、印刷物のコピーとして流通するだけなんだけど、ひとりで創造したものには違いない。言葉のひとつひとつに責任をもてるからね。僕も絵を描かないから、スタッフに「あんたは絵描きじゃないから判らない」ってよく言われてたし。

――宮崎さんもそんなことおっしゃってました？

押井　「あんたの仕事とオレの仕事はまったく違うんだ。オレはあんたの5倍も10倍も働いている」って言われてた。まあ、正しい（笑）。もちろん、宮さんはアニメーターとしては不世出の天才であることは認めるよ。それに異論はまったくない。『トトロ』の樹木が空に向かってニョキニョキと伸びる画なんて宮さんの真骨頂。彼にしかできないから。でも、敢えて言わせてもらいますが、監督としての力ははっきり言って二流以下です。

──二流どころか二流以下？

押井　はい。いつも言っていることです。彼の作品を支えているのは演出力じゃなくて、アニメーターとしての手腕。さっきも言ったように構成力がなく、よって長編もできない。にもかかわらず長編を作ってしまうから破綻している。僕はさんざん言ってきたことだけど、活字として語られたことはないと思うよ。これまで、誰も活字にしなかったから。

──うーん、責任感じてしまいますね。

押井　『トトロ』に関して言えば、自分のやりたいことと建前が分裂しちゃった最初の作品だよね。つまり、誰のために作ったのか、という時点からしてすでに分裂している。それを証明したのが、宮さん的最高傑作の『めいとこねこバス』というのが皮肉というか面白いというか。だから『トトロ』が大好きというファンは、がんばってジブリ美術館詣でをして、『めいとこねこバス』を観るべきだと思う。そうすればきっと『トトロ』の観方も変わるから。

トシちゃんが好きな女の子『魔女の宅急便』

STORY
13歳の少女キキは一人前の魔女になるため、黒猫のジジを連れて1年間の修行に旅立つ。海辺の町コリコを修行の場に選んだキキは親切なパン屋のおかみ、おソノさんのおかげで、唯一使える魔法"空を飛ぶ能力"を使い、荷物の配達を始める。

キャスト: 高山みなみ　佐久間レイ　山口勝平　原作:角野栄子　プロデューサー・脚本・監督:宮崎駿
公開日:1989年7月29日　上映時間: 約102分　興行収入:36.5億円　キャッチコピー:おちこんだりもしたけれど、私はげんきです。

ウジウジする子は嫌い

――『魔女の宅急便』の原作は角野栄子の同名児童文学。宮崎さんにとっては初の原作ものですね。

押井　原作者は宮さんのこのアニメーションを気に入ってなかった。だからあとで**実写版**を作らせたでしょ?

――14年に東映が作ってますが、これはまったくいただけなかった(笑)。角野さんが気に入っているのか、それさえ疑わしい。何だか**キング**の『**シャイニング**』論

実写版
14年に東映が配給した実写版『魔女の宅急便』のこと。アニメ版のリメイクではなく原作の1巻&2巻の映画化。主人公のキキには当時16歳だった小芝風花。監督が『呪怨』等のホラー作品で知られる清水崇というのも意表を突いていた。

争を思い出しましたよ。みんなが絶賛する**キューブリック**版をキングは大嫌いで、その後に**TVでリメイク**して失敗した。

押井　僕も似たような目に遭っているから、その状況はよく判る。『うる星2』は一般的には高評価だったけど、原作者の高橋（留美子）さんは全然気に入ってなくて「私とはまったく関係のない作品」と言うぐらい（笑）。ジブリの原作ものというのは、語るべきもうひとつのテーマなのかもね。たとえ原作があっても、ジブリが作るとジブリのオリジナルになっちゃうから。

――それ、ディズニーと同じです。『**クマのプーさん**』『**ピーター・パン**』『**人魚姫**』……すべて有名な児童文学なのに、その原作者の名前は消えてディズニーの作品になっている。物語も変更したディズニーのほうが正しいと思われてますよね。

押井　ジブリもディズニーも原作で売ってないから。宣伝でも原作を前面には出していないでしょ。ジブリ作品、宮崎駿監督作品、高畑勲監督作品で売っているのであって、原作を宣伝に利用したことはほとんどない。

――ベストセラーやロングセラーといった、誰もが知っている作品を選んでない。『魔女の宅急便』も原作を知らない人が多かったんじゃないですか。

キング
スティーブン・キングのこと。小説家。47年米国メイン州生まれ。初めて手掛けた長編『キャリー』でブレイクした。代表作に『ザ・スタンド』『デッド・ゾーン』『グリーンマイル』『ドリームキャッチャー』等。多くの作品が映画化されていることでも知られている。本人も無類の映画好きで、監督作に『地獄のデビルトラック』(86)。出演作にジョージ・A・ロメロによるオムニバス作品『クリープショー』(82)の第2話『ジョディ・ベリルの孤独な死』等がある。

『シャイニング』
80年の米国映画。スタンリー・キューブリッ

押井　原作のイメージは極端に薄いよね。ただこの時期、トシちゃんは宮さんがオリジナル・ストーリーで続けていくことに恐れを感じていて「何かやらなきゃ」という気持ちになっていたことは確かだと思う。プロデューサーであるなら、誰だって考えることだよ。『魔女宅』は当初、宮さんはプロデュースだけの参加だったのに結局、自分で監督することになった。で、僕の興味としては宮崎駿と鈴木敏夫、果たしてどちらが勝つんだろうって。

――どういう意味ですか?

押井　僕が想像するに――と言っても、間違ってないはずだけど――なぜあの女の子の物語を選んだのか?　たぶん、鈴木敏夫が選んだんだよね。当時のトシちゃんは自分の娘にハマっていたから。昔から自分の娘が大好きな男だったけど、あの頃がピークだったんじゃない?　だから『魔女宅』の、女の子が世の中に旅立つという物語をやりたくなった。ひとりの娘をもつ父親としてね。そこまでは何の問題もないわけだけど、しかし、その主人公の少女は、宮さんが求める少女像とは微妙に違っていたわけだ。

――宮崎さんが求める少女って?

クがキングの同名小説を映画化。雪に閉ざされたホテルの管理人となった売れない作家がスランプに陥り、徐々に追い詰められて行く。ホラー度&超能力度が低くなり、かわってサイコサスペンス度が高くなったため、キング原作とは異なる印象。一般的には高評価だが、当のキングは許せなかったようだ。タイトルの〝シャイニング〟は息子のもつ超能力のこと。狂気に囚われてしまう主人公にジャック・ニコルソン。

キューブリック　スタンリー・キューブリックのこと。映画監督・脚本・製作者。28年米国生まれ。雑誌のカメラマンを経て『恐

押井　完全無欠。賢くて何でもできて健気で真っ直ぐ。要するにナウシカであり『トトロ』のサツキだよ。ところが、キキの場合は世の中に出たこともない、何の経験もない、能力があるかどうかさえ判らない。魔女としては非常に未熟な女の子が、その力を利用して宅急便を始めるというファンタジーでしょ？　原作は読んでないけど。そういう女の子、宮さんは好きじゃないはずなんだよ。もし宮さんが魔法少女を描くのなら、最初から完璧でエリート、魔女の正当な一族の末裔で、そんな少女がさまざまな困難を克服して成長するという話になる。あんな落ちこぼれ寸前の少女が奮闘するなんて物語に興味をもつとは思えない。

――とても健気でいい子だけど、確かにまったくパーフェクトじゃない。

押井　キキがパン屋の離れに下宿することになった朝のシーン、覚えてる？　キキはトイレに行く。それもこっそりね。僕はそこが一番印象的だった。ヒロインをトイレに行かせるなんて、それまで宮さんは一度もやったことがない。宮さんのヒロインはトイレなんて行きません――それはアニメファンの間では有名な話です。美少女は、何か食べるのはギリギリ許されるけど、トイレは絶対ダメ。にもかかわらず、宮さんは描いていた。しかもコソコソ、恥ずかしそうに。初めて

怖と欲望』(53)で長編デビュー。『現金に体を張れ』(56)で注目される。代表作に『博士の異常な愛情』(64)、『2001年宇宙の旅』(68)、『フルメタル・ジャケット』(87)等がある。完全主義者と言われ、会心のショットをカメラに収めるまで何度もテイクを重ねることでも有名。『シャイニング』では、ニコルソンの狂気の表情を撮るだけで190テイク。息子と同じ能力をもつホテルの料理人が厨房を横切るだけで136テイク。彼が息子に〝シャイニング〟の意味を説明するシーンで148テイク。子役にもベテラン役者にも容赦ないキューブリック。何の説明もしないといわれ

世の中に出たことの象徴的な表現という解釈もできるだろうけど、宮さんはこれまでたくさんの美少女を描いてきたとはいえ、その生理には一度も立ち入ったことはないし、やりたいはずもない。にもかかわらずやったのは、鈴木敏夫がいたから。これもまた想像だけど「宮さん、いままでの美少女じゃダメだよ。もっと現実の女の子が共感できるキャラクターにしなきゃ」とか鈴木敏夫が耳元で囁き続けたんじゃないかと思うわけ。これは僕の確信的推論。たぶん正しい。おそらく、そうやって徐々に説得されていったんだよ。そんなことでもなきゃ、宮さんは絶対描くはずのない女の子だもん。

では、鈴木敏夫は本作で何をしたかったのか？　これも僕の確信的推論だけど、プロデューサーとしての自己実現をしたかった。プロデューサーには二通りしかなくて、ひとつは黒子に徹する人、もうひとつはプロデューサーとしての自己実現を目指す人、そのどっちかなんだよ。言うまでもなくトシちゃんは後者。

――自己実現を目指すって、自分でクリエイターを操り、自分の映画を作るってこと？

押井　簡単に言えば、自分のテーマを実現する。プロデューサーにとっては監督

ているだけに、もしかして本人もよく判らないから？　という説もある。

TVでリメイク
97年の米国TVドラマ。キューブリック版がどうしても許せなかったキングは、自分のお抱え監督ミック・ギャリスにメガホンを取らせ、自らが脚本&出演してTVミニシリーズ化。原作に忠実を心がけたものの、原作にもキューブリック版にも及ばなかった。

『クマのプーさん』
英国の作家A・A・ミルンが26年に発表した児童小説。自分の息子クリストファー・ロビンのために書いた童話で、プーさんはくまの

もスタッフのひとりだから、自分のコントロール下に置きたいという気持ちがある。監督にテーマと脚本を与え、現場を預けて、最終的な管理は全部自分がやる。要するにハリウッド型のプロデューサーだよ。ただし、彼らは最終的には権力と金で全部を押さえつけるけど、トシちゃんの場合は得意の恫喝と懐柔(笑)。

——押井さんが鈴木さんを語るときに必ず出てくる単語が〝恫喝〟です。

押井　本当に上手いんだよ。トシちゃんに囁かれて、どれだけ多くの人が人生を誤ったか。僕はそういう人をたくさん見てますから。自分は利口だと思っている人ほどトシちゃんの魔法にかかり、自分が優秀だと思っている人ほど騙される。洗脳されまくって、喋り方までトシちゃん化していた人もいたくらいだからね。本当にそのマジックは凄いわけ。トシちゃんは、その能力を駆使して『魔女宅』を生んだんだよ。

機能しはじめるジブリブランド

——宮崎さんはでき上がった『魔女宅』に満足しているんでしょうか？

押井　聞いたことはないけど、たぶん好きじゃないと思う。半信半疑でやらざる

ぬいぐるみの名前。61年に『プー』の使用許可契約を結んだディズニーは66年から短編アニメを作るようになった。最初の作品はアメリカナイズされていて英国からは批判の声が上がり、のちに英国アクセントの声に変更したりした。アニメ版はプーをはじめ、みんな元気いっぱいだが、原作はのんびりムード。

『ピーター・パン』
英国の作家ジェームス・バリーが1902年に発表した小説『小さな白い鳥』に登場するキャラクター。その後、戯曲『ピーター・パン あるいは大人になりたがらない少年』(04年初演)、小説『ケンジントン公園のピーター・

を得なくて、だからこそ、最後の飛行船のエピソードを付け加えた。あれがないと宮崎印にならないと思ったからだよ。もちろん、原作にはないし、おそらく脚本にもなかったんじゃない？　追加で自分でコンテを切って入れたんだよ。

――飛行船のエピソードがなかったら、どうやって終わるの？

押井　預かった荷物をちゃんと届けておしまい、ですよ。

――それだけじゃ物足りなくないですか。

押井　そう感じるのは面白く作られてないから。「届けておしまい」だけじゃ納得できないのなら、そもそも映画として失敗しているってことだよ。この作品のテーマは、最初のミッションを終えて、初めて魔女として一人前になった、その少女の成長の記録でしょ？　でも、それだけじゃあ終点が見えすぎているから、その間に（原作にはない）いろいろな事件を付け加えなきゃいけないと考えて実行した。しかし、そのせいで不自然になってしまったという作品。サラっと語って、サラっと作るべきだったのに、宮さんは盛り込みたい性格だから、ついついやってしまったんだよ。

――でも、画はいいですよね。街並みの美しさ、あの浮遊感、素晴らしかった。

パン』（06）、小説『ピーター・パンとウェンディ』（11）に登場する。53年に製作されたディズニーのアニメーションは、ピーターをかっこいい少年、対するフック船長を間抜けな男として描き、原作の深みを見事に消し去ってしまい、原作ファンからは批判も多い。

『人魚姫』
デンマークの作家アンデルセンが1837年に発表した童話。王子に恋した人魚姫が声と引き換えに足をもらい王子のもとに行くが、その恋は実らず海の泡となる。89年のディズニーアニメ『リトル・マーメイド』は人間となって王子と結ばれる。

押井　画のレベルで言えばジブリ作品のなかで一、二を争う完成度。作画的に驚くほど丁寧に作られているし、浮遊感に関しては、それこそ宮さんの十八番だから。一流のワザですよ。あの頃はスタジオ自体が、いい作品を作るぞという意欲に燃えていた。「自分たちが作るアニメーションは、その辺のスタジオのものとは違う。絶対に手抜きをしない」なんて気概が伝わってくるよね。

――ジブリの作品が、コンスタントに数字を稼ぐようになったのも、『魔女宅』からですよね。何と配給収入21億円です。

押井　宣伝の勝利だろうね。この作品あたりからジブリというブランドが機能しはじめた。それまでの『ラピュタ』や『トトロ』のときは（ずっとやっていける）確信はなかったんじゃないかな。やはりブランド・パワーはここからですよ。

それにひと役買っているのがテーマ曲。ユーミンのヒット曲（『ルージュの伝言』『やさしさに包まれたなら』）を使っていて、これが一般に浸透したひとつの勝因になっている。既成のヒット曲や名曲をテーマ曲にするというのは以来、ジブリのパターンのひとつになったよね。もちろん、やったのは鈴木敏夫ですが。

――押井さんも、鈴木さん宣伝プロデュースの『**イノセンス**』では『**アランフェス**』

『イノセンス』
04年製作のアニメーション。『攻殻』から9年を経た続編。日本アニメでは初めてカンヌ映画祭コンペティション部門で上映された。

『アランフェス』
スペインの作曲家ホアキン・ロドリーゴによる『アランフェス協奏曲第2楽章』のこと。本作では『Follow Me』というタイトルに。

オバサン
伊藤君子（いとうきみこ）のこと。46年香川県生まれのジャズシンガー。

『立喰師』
『立喰師列伝』（06）のこと。自らの小説をアニメ映画化した。"立を使ってますよね。

押井　トシちゃんの意向です。歌っているオバサンもトシちゃんの推薦。言っておくけど僕は、最後に主題歌が入っているのが大嫌いなんです。『うる星』のときから大嫌いだったし、フリーランスになって一度もやったことがない。実写は別だよ。『**立喰師**』のときは**兵藤まこ**に歌ってもらってる。

で、話を戻すと、だから、『イノセンス』は『うる星2』以来になる。これはもちろん、トシちゃんの口癖のひとつが「映画には主題歌が必要」だから。『イノセンス』で鈴木敏夫が絶対譲らなかったことがふたつあって、そのひとつがこの主題歌、もうひとつが『イノセンス』というタイトル。まあ、海外に行ったときは「何で主題歌が『アランフェス』でケンジ・カワイ（川井憲次）じゃないんだ」とか、「何でタイトルは『GHOST IN THE SHELL 2』じゃないんだ」とか、さんざん言われた。現場でも『攻殻2』。誰も『イノセンス』とは呼ばなかったしさ。

――押井さんは『イノセンス』でよかったの？

押井　『GHOST IN THE SHELL 2』ですよ、決まってるじゃない。でも、そこは宣伝プロデューサーに譲ったわけです。

喰師〟と呼ばれる者たちを通して描かれる押井的戦後史。役者をブルーバックで撮影し、その画像をモノクロにしてから彩色、それを3D化して動かすというユニークすぎる手法がとられた。ヴェネツィア映画祭ではオリゾンティ部門（実験的作品）に出品された。続編は『真・女立喰師列伝』（07）。

兵藤まこ（ひょうどうまこ）
女優・声優・歌手。62年東京生まれ。資生堂の専属モデルから歌手・声優・女優に。85年『天使のたまご』で少女の声を務め、押井作品の常連になる。『紅い眼鏡』（87）、『トーキング・ヘッド』（92）等に出演。

宮さんのプライベート・フィルム
『紅の豚』

100パーセント言い訳映画

――今度は『紅の豚』です。宮崎さん自身がブタになったヒコーキ映画ですね。

押井　判るよね？　あのブタが宮さん自身だって。

――もちろん。これが初めての宮崎映画という人を除けば、判らない人はいないんじゃないですか。

押井　あのブタの頭をすっぽり取ると、なかから宮さんの顔が出てくるわけだ。でも宮さんは、ほかの人は判らないと思い込んでいる。ブタといえば宮さんのト

STORY
空中海賊を撃退し、賞金を稼ぐパイロットのポルコ・ロッソ。前は空軍のエースだったものの、いまは自らに魔法をかけ豚になっていた。やられっぱなしの空賊連合は、スゴ腕パイロットを雇い、ポルコの打倒を計画する。

キャスト：森山周一郎　加藤登紀子　桂文枝　上條恒彦　原作・脚本・監督：宮崎駿　プロデューサー：鈴木敏夫　公開日：1992年7月18日　上映時間：約93分　興行収入：54億円　キャッチコピー：カッコイイとは、こういうことさ。

レードマークだし、漫画で自分を描くときはいつもブタ。自分の車にまでブタの紋章貼っているくらいだから。

――そこまでアピールしてて、みんなが気づかないと思っているって、もしかして宮崎さんってノー天気なんですか？

押井　そう。その手の自意識が見事に欠如している、本当に〝天然〟のおじいさんです。

――私に限らず、この映画を観た多くの人が「宮崎さんはヒコーキ乗りになりたいし、きれいな熟女、聡明で元気でかわいい少女に愛されたいんだなー」って思ってますよ。

押井　でも、本人は気づかない。

――かわいいですね、宮崎さん（笑）。

押井　何言ってるの、全然かわいくないよ。だってこの『豚』は100パーセント言い訳映画だよ。どんな監督でも一度は言い訳映画を作る。**スティーブン・スピルバーグ**なら『**カラーパープル**』とか『**ミュンヘン**』とか。**ロマン・ポランスキー**なら『**戦場のピアニスト**』とか、みんな作っている。

スティーブン・スピルバーグ　映画監督・プロデューサー。46年米国生まれ。TV映画として撮った『激突！』（71）で認められ『ジョーズ』（75）で大ブレイクした。『シンドラーのリスト』（93）と『プライベート・ライアン』（98）でアカデミー監督賞を受賞している。代表作に『E.T.』（82）、『インディ・ジョーンズ』シリーズ（81〜08）、『ジュラシック・パーク』シリーズ（93〜97）等がある。

『**カラーパープル**』　85年の米国映画。黒人姉妹の40年に及ぶ波乱に富んだ人生を描く。同年のオスカーでは作品賞をはじめ10部門でノミネートされる

――言い訳映画って、自分を正当化するという意味ですか？

押井　そうです。たとえば『戦場のピアニスト』の主人公はポーランド人のピアニストで、ナチがいる間、自分だけ天井裏に隠れてた。あれは、さっさと故郷のポーランドを捨て、亡命しちゃったポランスキーの言い訳ですよ。

――じゃあ、ポランスキーはその言い訳映画でオスカーを取っちゃったってことですね。嬉しさが倍増したかも。

押井　そういうこと。まあ、そういうふうに監督というのは、意識的にも無意識的にも言い訳映画を作ってしまうもので、『豚』はまさにその典型なんだよ。公開時もそれについてはさんざん喋ったんだけど、まったく活字にならなかったから、またしつこく言うんだけどさ。

そもそも凄くヘンじゃない？「自分で魔法をかけた」ってどういう意味？　なぜそんなことをしたのか、そういう説明が一切ない。しかもそのブタは、ブタなのは頭だけで、手も指も人間だし、酒も飲んでタバコも吸い、メシを食ってトレンチコートを着込み、ひとりで孤島の海岸の洞窟に住んでいる。もっと詳しく言うと、大好きなイタリアの戦闘飛行艇を乗り回して、「二馬力」としか思えない孤

ものの、スピルバーグは監督賞にノミネートされなかった。ユダヤ人であるスピルバーグのマイノリティ魂が作らせた良質の人間ドラマ。原作はピューリッツァー賞を受賞したアリス・ウォーカーの同名小説。

『ミュンヘン』
05年の米国映画。72年のミュンヘンオリンピックで起きた、パレスチナゲリラによるイスラエル選手殺害事件の顛末を描いたポリティカルスリラー。改めてスピルバーグの実力を見せつけられる入魂の傑作だ。報復を誓うイスラエル側の実行部隊の主人公が徐々に心を病み、それを彼が作る料理で表現する手法は

島の洞窟で、音楽を聴きながらメシを食って酒を飲み、タバコをふかす。まんま宮さんです。

――『豚』と同時期に、**ティム・バートン**の『**バットマン リターンズ**』が公開されて、私は2本共に〝プライベート・フィルム〟だと思ったんです。『リターンズ』にはバートンの抱える〝闇〟がたくさん詰め込まれていて、その暗さに驚いたんですが、『豚』のほうは驚くほどノー天気だった。宮崎さんって闇がないのかしらって思いましたね。

押井　少なくとも、この映画では闇なんてないです。だって、とことん好き勝手やってるから。舞台が地中海というのは、シュナイダー・トロフィー（映画ではシュナイダー・カップ）をやりたかったから。あのレースは第一次大戦と第二次大戦の間、ヨーロッパで開かれていた水上飛行機のレースで、当時の飛行機のワールドカップみたいなもの。それで優勝するというのは飛行機好きの永遠の夢ですよ。つまり、宮さんは、それもここでちゃんと叶えているわけ。

もちろん、飛行シーンの作画は見事なもんですよ。そもそも、戦闘飛行艇なんて面倒くさいものを描こうなんていう奇特なアニメーターは、世界でも宮さんく

秀逸。やっぱりいい映画に〝料理〟はつきもの!?

ロマン・ポランスキー
映画監督。33年パリ生まれ。3歳のときにポーランドに移り、家族と共にゲットーに入れられるが、父親の手助けで脱出。その後、逃亡しながら終戦を迎える。父は生き残ったが、母親はアウシュビッツで虐殺されたという。戦後、映画学校で学び『水の中のナイフ』（62）で監督デビュー。これが西側諸国で評価されて英国へ。ハリウッド第1作は『ローズマリーの赤ちゃん』（68）。代表作に『チャイナタウン』（74）、『テス』（79）、『ゴーストライター』（10）等がある。二度目の妻、女

らいしかいないから。ただ飛行機を描くだけじゃすまなくて、〝水〟がもれなくついてくるんだから作画するのは大変なんだ。それをちゃんと丁寧にやっているんだから、さすがです。

――戦闘飛行艇って有名なんですか？　水上飛行機とは違うんですよね？

押井　もちろんマイナーだし、水上飛行機とはまったく違う。戦闘飛行艇はボディが船と同じ構造だから「艇」なんだよ。『豚』に登場するのはイタリア人が趣味で作ったようなもので、宮さんは大好き。『風立ちぬ』でもイタリアの飛行機を出していたことからも判るように、妄想の産物のような飛行機に入れ込むんだよ。自分の好きなデザインの飛行機があって、実際に役立つかはどうでもいい。もちろん、その妄想はここでも大爆発してますから。

それにもうひとつ。おばさんたちが総出で飛行機を手作りするシーンがあるじゃない？　あれも昔、宮さんに聞いたことのある話で、本人は凄く気に入っていた。オヤジががんばるのも好きだけど、おばちゃんたちがワーワー言いながら作るのも大好き。実際、『風立ちぬ』に登場した（ジョバンニ・バッチスタ・）カプローニとかは、職工の家族を全員呼んでパーティやったりしていたと聞くから

優のシャロン・テートがチャールズ・マンソンの信奉者らに殺害されたのはあまりにも有名。

『戦場のピアニスト』
02年の仏・独・ポーランド・英映画。ナチス政権下のヨーロッパでひたすら生き抜いたユダヤ人ピアニストを描く。そのサバイバルにポランスキーの体験が重なっているといわれている。同年のオスカー監督賞を獲得するが、授賞式は欠席。ポランスキーは、77年に起きた13歳の少女淫行容疑で米国を追放されていたからだ。

ティム・バートン
映画監督・プロデューサー・脚本家。58年米国生まれ。『ディズニーのア

ね。家庭的な雰囲気で飛行機を作るというようなことが、宮さんは大好き。反対にロッキードがラインで作りましたなんていう飛行機にはまったく興味がないからさ。

『魔女の宅急便』のご褒美

——自分の願望をもれなくやっているということですね。

押井　まさに！　じゃあ、そこで問題なのが、なぜそんな自分勝手ができたのか？　鈴木敏夫がそれを許したからです。なぜ許したかと言うと、宮さんの前作『魔女の宅急便』のとき、自分の主張を押し付けてしまったから、そのエクスキューズで好き勝手やらせた。宮さんにガス抜きが必要だと思ったんだよ。違う言い方をすれば、ご褒美みたいなもの。

——ご褒美ですか。映画を観る限りでは宮崎さん、そのご褒美に大喜びしてますね。イタリアが舞台のせいなのか、色も鮮やかでとてもきれい。

押井　色に関しては、「歳を取ると目が悪くなるので、鮮やかな色を使いたくなる」なんてことを言ってたけどさ。

ニメーターからキャリアを始め『ピーウィーの大冒険』(85)で長編監督デビュー。『ビートルジュース』(88)、『バットマン』(89)で人気監督に。代表作に『シザーハンズ』(90)、『ナイトメアー・ビフォア・クリスマス』(93)、『チャーリーとチョコレート工場』(05)等。モデルアニメ大好きで、日本の怪獣映画の大ファンとしても知られている。

『バットマン リターンズ』
92年の米国映画。『バットマン』の続編。異形ゆえに両親に捨てられた過去をもつ怪人ペンギンがゴッサム・シティを恐怖に陥れる。バットマン、キャットウーマン、そしてペン

まぁ、だから最高のご褒美なんですよ。喜びが伝わるのは当然です。クリエーターなんて、自分で作るもののなかでしかストレス解消できないんだから、映画のストレスは映画ではらすしかないの。

で、話を戻すと、『豚』は鈴木敏夫との関係性があったからこそ生まれた作品。大上段に振りかぶったテーマというのは、宮さんにとってはやりたいことをやる方便——とはいえ、作っているうちに本当にその気になるんだと思うけど。ジブリにはそういう社会的なテーマが必要だった。にもかかわらず、この『豚』にはそれがない。大上段に振りかぶったテーマもなければ、小さなテーマすらない。ブタの姿を借りて好き放題やっているだけ。お面をかぶっているからできるということは、好きなことをやるためにはお面が必要だったということなんだよ。その一方で、なんで『風立ちぬ』の主人公はブタじゃないんだということになるんだけど……。

——『風立ちぬ』の原作漫画では、主人公はやはりブタなんですか。

押井　そう、だからブタだと思っていたのに、その予想を裏切って人間だった……という話はまたするけど、女の子、女性だけが人間というのは宮さんの常套

ギンを心に闇を抱えた異端児として描き、これまでにないダークなスーパーヒーロー映画にしてしまったが、それこそがバートン・タッチ。彼にしかできないユニークな解釈だった。

手段。ブタが好きなら女性キャラクターもブタにしちゃえばいいのに、それはイヤ。やっぱり女の子はかわいく描きたいんだよね。ブヒブヒじゃイヤなんだよ。ほかの男たちは普通の人間だけど、ヒロインたちは、そういう普通の人間よりもブタのオレのほうを選ぶというわけ。凄く屈折してるよね。

――いや屈折なんてしてませんよ。すっごく素直。やっぱりかわいい（笑）。

押井　違う違う、本人のなかでは屈折しているんだってば！　でも、かたちにしちゃうと、ただのノー天気なブタになっちゃうんだよ。さっきのティム・バートンだって、映画を観れば、どんだけ屈折して暗いんだということが判り、それが人間の深みにもなっているけど、この『豚』のどこに奥行きがあるのって。

――はい、ないですね。

押井　あの人は何でも白黒はっきりさせたい人で、曖昧なのは大嫌い。グズグズ言っているのも大嫌い。よくセリフにも出てるじゃない？「グズは嫌いだよ！」とか。

――そういうことを聞くと、確かに『魔女宅』のキキはウジウジ派でしたね。

押井　だから鈴木敏夫の娘の話なんだよ。まあ、監督なら誰でも、自分の娘のために作ったり、自分の奥さんや両親のために作ったりするもんだから。

――押井さんにもあるの？

押井　たぶん、あるんじゃない？

――他人ごとなんですか？

押井　自分じゃそのつもりはなくても、結果的にそうだった、というのがあるんじゃないのって言いたいわけ。『天たま』やってるときに「あれはお前の娘だよな？」って師匠に言われたから。それはそうかもしれない。でも、作っているときは無意識だった。

――そういう押井神話ってありますよね。たとえば「自作には必ず幼い少女が出てきて、それは押井さんが一年に一度しか会えないお嬢さんのことを思っているからだ」とか。前にそれ、押井さんに聞いたら「いや、一年に何度も会ってるけど？」みたいな答えだった。

押井　なぜか自分でも判らないけど、ある時期まで小さな女の子がもれなく自作に登場していたことは認めるよ。そういうふうに個人的な動機というのが、本人の気づかないうちに紛れ込んでくるんだよね。コンテを切っているとき、そういう意識はないから、あとで気づく場合が多い。

――観るほうは、何かと理由づけしたくなりますからね。

押井　それはあると思う。実際、娘が結婚してから女の子は出なくなったから。それに、ある時期まで娘が観る前提で作っていて、「娘が観るんだから、恥ずかしいものは絶対に作れない」と思ってやっていた。だから一本一本全力投球だよ。一本たりとも力を抜いてない。

定着したジブリのブランドイメージ

――押井さん、お父さんだったんですね。お嬢さんの好きな作品って何なんですか？

押井　……それが『紅の豚』……。

――えっ⁉　押井さんの作品でですよ？

押井　いや、久しぶりに娘に会ったとき「セルが欲しい」と言われて当然、自分の作品を想像するじゃない？　ところが彼女の口から出たタイトルは『紅の豚』でさ。「『紅の豚』のセルが欲しいの！」だよ？　それでやるかたなく、ジブリの制作担当者に電話して用意してもらい、取りにいったんだよ。それも恥ずかしかったから喫茶店で待ち合わせして。その彼に「（宮崎さんの）サインは？」って尋ねられて「いらない」って言ったけどさ。

——押井さん、ショックでした？『パトレイバー』って言って欲しかった？

押井　その頃の娘はまだおチビちゃんだったから『パト』とか言われたら、それはそれでちょっとビビるかもしれないけど、でも、やっぱりショックだよ。

——すみません、でもそれ、面白すぎですよ。もしかして、そういうこともあって『豚』に対して攻撃的なんじゃないですか。

押井　別に攻撃的じゃないよ。でも、それで言ったら『天たま』でも同じようなことがあったんだから。宮さんがいつも起用している優秀なアニメーターが、僕の『天たま』も手伝ってくれたんだけど、彼女、とても『天たま』を気に入ってくれてさ。アニメーターが足りなくなったときもすぐに助っ人に来てくれたし、できた作品も絶賛してくれて、僕としてはとても嬉しかった。でも、宮さんはどうかというと、『天たま』に関しては「大嫌い」どころかボロクソ（笑）。何というか、信頼していたり、大切にしていたりする身近な人間に仮想敵を褒められちゃうと、当人はコタえるんだよ、きっと。

――〝仮想敵〟ですか……。

押井　いや、僕はちゃんと平常心で観てますから。だって麻紀さんも、あれが宮さんのプライベート・フィルムだって認めるでしょ？　しかも、相当に単純な！

――そうですね。私に限らず、みなさん認めると思いますよ。

押井　だから、ジブリが凄いのは、そういう自己満足のプライベート・フィルムであってもヒットさせてしまうところ。ちゃんと商売にできるのが恐ろしいし、その勢いが当時はあったわけだ。

――ジブリのブランドイメージが定着したというわけですね。確かに、興収は54億円で、配給は27億円ですから立派ですよ。やっぱりジブリが年に一本、一定のクオリティの作品を作ることによって、アニメーションが一般的になったのは確かですよね。

押井　それは間違いない。

――『マクロス』等だったらオタク御用達で、映画ファンや映画評論家という人たちは観なかったかもしれないけど、ジブリが出てきたことで、彼らもアニメーションを観るようになり、評論もするようになった。

押井　ところが——それがこの本のテーマのひとつなんだけど、ジブリに関してはちゃんとした評論が書かれたことがない。最初に言ったように、ジブリをけなしても誰も得をしないから。それこそがジブリの功罪というやつだよ。確かにアニメーションを映画のスタンダードにはした。しかし、同時に評論をことごとくできない雰囲気も作ってしまったということ。

——そこまで酷いんでしょうか？

押井　たぶんね。誰も反対できないものとして、ジブリのブランドを作ってしまったんだから。最初に言った通り、ジブリのブランドが生まれ、インナーサークルができ上がった。ジブリを貶めることで誰も得をしない構造ができ上がってしまったんだよ。

自然描写はオレに任せろ！『もののけ姫』

STORY
室町期の日本。タタリ神にかけられた呪いを解くため西方へ旅立った少年アシタカは、幼い頃から山犬に育てられた“もののけ姫”のサンと出会う。やがて、森を切り開こうとするタタラ製鉄集団と森を守る山犬一族との戦いに巻き込まれていく。

キャスト：松田洋治　石田ゆり子　田中裕子　小林薫　西村まさ彦　上條恒彦　原作・脚本・監督：宮崎駿　プロデューサー：鈴木敏夫　公開日：1997年7月12日　上映時間：約133分　興行収入：193億円　キャッチコピー：生きろ。

宮崎駿の日本人論

――では、宮崎監督の『もののけ姫』。その年を代表する大ヒット作になりましたね。ジブリの作品としては初の１００億円超えどころか、興収１９３億円ですよ！

押井　確かにこの数字は凄い。好き勝手やった前作『紅の豚』にはテーマがまったくなかったけど、今回は満を持して大テーマに回帰した。そのテーマとは〝宮崎駿の日本人論〟。

——だから〝山の民〟等が出てくるんですね。

押井　宮さんが考えている日本的なるもののオールスター。**蝦夷《えみし》の民**から**タタラ場**の人たち、ハンセン病の人たち、さらにはシシ神等、日本のなかの少数民族やマイノリティがテーマになっている。

——宮崎さん、そういうことをよく勉強なさってたんですか。

押井　宮さんは勉強家であることは確かで、歴史書等をしっかり読んでいて、その勉強の成果をちゃんとかたちとして残したかった。高畑さんにもそういう部分はあるし、僕にだってある。いわばクリエーターのひとつの願望みたいなものですよ。その興味が宮さんの場合は、知られざる、もうひとつの日本人の流れになる。それが〝山の民〟だよね。

——主人公のひとり、アシタカは?

押井　彼は蝦夷の一族になっているけど、山の民の一派。彼らは独自の宗教観や自然観をもっていて、それが宮さんの志向にマッチする。宮さんは農耕民族にはまったく興味がない。山の民はもれなく狩猟民族であり物作りですから。

——あ、宮崎さんの好きな物作り。

蝦夷の民
　主人公のひとりアシタカの一族。大和朝廷との戦いに敗れ山のなかで暮らしている。宮崎曰くアシタカは、その戦いの蝦夷族の勇者アテルイの末裔という設定だそうだ。

タタラ場
　製鉄所のこと。当時は、山を切り崩して砂鉄を集め、それを製鉄するという手法を取っていたため、山にこの作業場があった。

押井　そうです。だから、自分がもっとも感情移入できる人たちであり世界なんだよ。

――じゃあ、宮崎さんは高畑さんと違って農民には興味ないいんですね。

押井　ないない。一度でも（自作で）やったことある？　農村が得意なのは高畑さんのほうで、宮さんはまったくナシ。

――で、押井さんは『もののけ姫』はどうご覧になったんですか？

押井　今度は構えすぎてガチガチになっちゃった。大上段に振りかぶりすぎて、収拾がつかなくなっている。思いっきり風呂敷を広げてみたんだけど、どうやって回収すればいいか判らなかったから、思いっきりぶん投げて終わり。最後に何となく花が咲き、いつものように音楽が流れ、何ひとつ解決せずにおしまい。そもそも、解決しようとさえしてないじゃない？　だいたい映画を作る人間は風呂敷を広げるのが大好きなんだけど、それをちゃんと綺麗に畳める人はまずいない。でも、本当はその部分こそ監督の腕の見せどころなんだけどね。

――**クリストファー・ノーラン**は、まずラストから考えるって言ってました。しかも、それを絶対に変更しないって。確かに彼の映画、ラストが印象的ですよね。

クリストファー・ノーラン　監督・脚本家・製作者。70年英国生まれ。『フォロウィング』（98）で長編監督デビュー。代表作に『ダークナイト』シリーズ（05～12）、『インターステラー』（14）、『ダンケルク』（17）等。3Dを否定し、デジタルにもできる限り頼らないという主義を貫いている。

押井　いや、それが普通ですから。僕だってラストから考えている。構造が命の映画なんだから、それが当たり前。でも、ちゃんとした脚本を書かない宮さんはその反対で、頭から始めて、終わりのことを考えない。何度も言うけど、だから監督に向かないわけだ。

――でも、そういう話を押井さんに聞けば聞くほど愛らしい方だなと思うようになりましたよ。だって一貫しているから素晴らしいじゃないですか。

押井　それがかわいいって何なの？　ある意味、自分の才気だけで（映画を）作っている人なんだよ。確かにある種の天才で、後先なんて何も考えない。そういうところをフォローするのがトシちゃんの役目なわけだ。

で、麻紀さん『もののけ』のラストは覚えてる？

――それぞれが、それぞれの場所に帰って終わり。なぜかアシタカは故郷に帰らず、タタラ場にいるというので、「おい、帰れよ」とツッこみましたが。でも、公開当時はよく判らなかった。正直、ストーリーについていけない部分が結構あったと思います。あのとき、いろんな雑誌が『もののけ姫』の特集を組み、それが結構売れましたが、みんなストーリーがよく判らなかったからだと聞いてますね。

押井　ジブリ映画、とりわけ宮さんの映画って、ラストを覚えている人がどれだけいるんだろうと思うよね。主題歌や**久石譲**のメインテーマが流れて「おしまい」。無理やり終わらせている。この辺はトシちゃんの策略。

――『もののけ』は、最後に**米良さん**の歌が流れるんですよね。

押井　宣伝もその曲をこれでもかというくらい使っていた。みんなの耳にこの主題歌がこびりつくくらい。じゃあ、なぜその曲ばかり使ったのか？　宣伝するほうも、ストーリーがよく判らなかったからですよ。『もののけ姫』って、そもそもどんな話なんだ？　アシタカとサンの話だけど、それってどうなってたっけ？　麻紀さん、ちゃんと説明できる？

――文明対自然ですよね。サンは自然派、アシタカは中間、エボシさんが文明派。それらの価値観がぶつかり合う！　観直したばかりなんで、ここまでは言えますが、アシタカとサンの話は正直、弱い感じがしました。

押井　そう、本来ならアシタカとサンは、『ラピュタ』のパズーとシータのような話になってなきゃいけないのに、そうはなっていない。驚くべきことに、サンにまったく魅力がないんだよね。僕が試写会で一番驚いたのは、まさにその部分。

久石譲（ひさいし じょう）
　作曲家・ピアニスト。50年長野県生まれ。『ナウシカ』からすべての宮崎作品の音楽を担当する。その他の代表作に『あの夏、いちばん静かな海。』（91）、『ソナチネ』（93）等の北野武監督作品。

米良さん
　米良美一（めら よしかず）のこと。歌手。71年宮崎県生まれ。自身の歌う楽曲を、偶然ラジオで聴いた宮崎が感銘を受け本作の起用につながった。

美少女をずっと描き続けてきた宮さんが、サンには気合が入ってないというか、そう見える。キャラクターとしての官能性がいつもより明らかに足らないんだよ。思わず「どうしちゃったんだ、宮さん」ってツッこんじゃったくらいで。

宮崎流漫画映画の魔法

——確かにヒロインのはずなのに、印象は薄いですね。むしろ印象的なのはアシタカでした。

押井　そう、全然アシタカのほうが強い印象。あとはエボシ。彼女は宮さんの一番好きなタイプだよね。宮さんが面白いのは、単純な自然賛美、文明否定だけでは納得しないところ。何度も言っているけど、宮さん自身、その一方で戦闘機が大好きで機械文明も好き。そういった矛盾の塊だから。

——その宮崎さんの本音を代弁しているのがエボシさんなの？

押井　文明化するというのは人間の必然で、自然を破壊しなければ生きていけないのが人間でしょ。タタラ場のエボシは、言ってみればそんな人間の代表選手。『ナウシカ』のクシャナみたいな存在だよね。

――エボシさんは最後に片方の腕を失い、クシャナも片手が義手ですよね。

押井　言ってみれば、その代償。代償を背負わせるべきというのが宮さんの考え方で、それを腕にしたのは絵的に判りやすいからだよ。

宮さんには独特のバランス感覚があって、必ずバランスを取ろうとする。『コナン』の悪役レプカでは、開いたトランクからパンツを撒き散らしながら逃げ出すシーンを入れてみたりして、彼を本当の悪にはしない。悪役のキャラクターにもかわいげのあるところを付け加えるのが宮さんなんだよ。エボシも強烈なイデオロギーを持っているけど、その代償としての〝腕〟が、宮さんには必要だった。そういう意味ではバランス感覚の天才なんだよね。

それでいて、かわいい女の子に一箇所だけ傷を付けるとか、そういうことはしない。子供にもそう。女の子と子供は宮さんの聖域。彼らに代償を払わせたり、傷つけたことは一度だってないから。

――でも、エボシさんって葛藤がないですよね。たとえばアシタカが、タタラ場の女たちが大変だと報せに行っても「女たちは己が身を守れる」と言ってシシ神殺しに没頭する。普通なら、少しは逡巡してもいいと思いません？　だから彼女の強さに魅力を感じなかったんですけど。

押井　それは宮さんの本質だから。各論併記になって、いろんな価値観をもれなく差し出しつつ、葛藤しない個人が好きということは、あの人にとって矛盾はしないんだよ。宮さんは葛藤するキャラクターが大嫌いだから。悩んでウジウジする、苦悩する人間というのをまったく評価しない。要するに葛藤が嫌いなの。

――面白い価値観ですね。

押井　自然はもちろん大好き。でも、だからといってシシ神を肯定していくと人類否定にしかならない。その片方で、必要になるのが、人間の立場を代表する存在のエボシなんだよ。

宮さんはそれほど単純な人間じゃない。人間がなぜ工業化したのかということもよく勉強しているし、それが必然だということも頭では判っている。でも、それをそのまま肯定する気にもなれない。とはいえシシ神を認めてしまえば「人類は滅びるべきだ」という結論にしかならなくなる。だからこそそこに、サンのような自然児を出さざるを得なくなる。アシタカは、そういうサンとエボシの中間的立ち位置だよね。

――でも、アシタカって自分の村に帰らなきゃいけないですよね。みんなが待ってますよ。なぜタタラ場に残るんですか？　そういう選択をするなら、やはり葛藤しなきゃ。

押井　だから、葛藤する人間は嫌いだって言ってるじゃない。そもそもストーリーが収拾つかなくなっているんだから、そうやって終わらせるしかなかったんだよ。

基本的にはドラマじゃないの。価値観の葛藤がないんだから。映画としては「どこに行っちゃうの、この話？」というふうに迷走しっぱなしだし、そうなるのも、すでにある意味では結論が出ている問題だからだよ。つまり、文明は絶対に逆行しない、人間は文明を作ることによって人間になったんだからね。本当に自然のなかで生きられる人間は、それが自然であることすら判らない。エデンの園から一歩も出ないんであれば、人間という意識すらないわけだから。工業化社会は人間の必然で、自然を征服することによってしか人間は生きられない。でも、その自然に共感する部分を否定はしたくないんだよ。

――なるほど。

押井　そういうことをすべて判った上で『もののけ姫』を作ったんだけど、頭では判っていても、心が納得しない。だから必ず分裂する。その分裂をどうやって映画として終わらせればいいのかを考えないので、ラストがよく判らない映画になってしまう。

そもそも、勧善懲悪の世界じゃないから、子供たちが理解できるとも思えない。宮さんは子供に見せるためにアニメーションを作っていたはずで、現実がどうあれ、少なくとも作品のなかではいい悪いをはっきりさせるというのが、あの人の監督としてのテーマのはずなのに、一貫性はゼロ。大テーマではあるんだけど、それゆえに収拾がつかなくなった。まあ、宮さんに限らず、そういう映画は珍しくはないしね。

――でも、画には力がありますよね。今回、観直してドキドキしてしまいました。

押井　そうやって、何となく凄いのを見せられて、何となく納得させられてしまうのは、宮さんだからこそかけられる漫画映画の魔法だよ。演出家や評論家は破綻をすぐに見抜いて騙されることはないだろうけど、これがアニメーターになると「凄かった！」って大コーフン。もちろん、本当に凄いですよ。タタリ神だろうがシシ神だろうが、メチャクチャに大変なことをやっているんだから。もれなくみんな、見事に動いているし、背景だって大したもの。まあ、動物、とりわけイヌのオーソリティの僕に言わせれば、犬神に関しては全然よくなかった。そういう、（宮さんが）目をつぶったところはあちこちにあるけどね。

――そうなんだ。圧倒されて、あまり気づかなかった。

押井　作画的にも極めてハードルが高い作品だし、長尺じゃない？　それをパーフェクトにできるはずはないんだよ。犬神だけじゃなく、タタラ場のレイアウトにもいろいろ問題はある。犬神を担当したアニメーターは、『人狼』にも参加しているんだけど、『人狼』のほうが圧倒的にいい。少なくとも獣の走りはアニメーターにとっては関門のひとつで、鳥よりも馬よりも難しい。犬のように姿勢が低くて走りが速いのはアニメーター泣かせですよ。その作画に関しては『人狼』のほうに軍配が上がるけどね。

――シシ神の顔もユニーク！

押井　宮さんの得意ワザです。キノコみたいなコダマ。あれも得意ワザ。ちゃんと動いているし、子供は大喜びだよ。

『人狼』
『人狼　JIN-ROH』のこと。00年製作のアニメーション。戦勝国ドイツの占領から解放されて間もない架空の日本を舞台に、体制側の巡査とセクトと呼ばれる過激派集団の運び屋〝赤ずきん〟の道ならぬ恋を描く。原作・脚本は押井。監督・絵コンテ・キャラクターデザインは沖浦啓之。彼の監督第1作。

――かわいくって大人も喜びました！（笑）　あとは、シシ神が大地を踏みしめると花や草がふわーっと生えてくる。思わず「うわー」という声が漏れるほど、本当にきれいだった。

押井　あそこは官能的だよね。もう匂い立ってくる。あれこそを官能と呼ぶんですよ。もの凄くエロチック。シシ神だけは僕も感心した。『トトロ』で樹木が空に向かって一気に伸びるシーンと一緒。

そういうのは、本当に動画の世界の真骨頂。もしそれをCGでやったとしても、ああいうふうには絶対にならない。宮さんだけがもつ、動きに対する独特の感覚というか官能性。植物エロチシズムがあるんだよ。宮さんは本当に植物が上手い。動物より植物のほうが全然上手い。そういう意味で言えば、確かに『もののけ』には素晴らしいシーンがたくさんあるよね。おそらく、宮さんがもっとも思い入れしたキャラクターもサンとかじゃなく、このシシ神だよ。だから、みんな目が釘付けになる。

――シシ神が水の上を歩くシーンや、撃たれて一度、水中に沈んで行き、再び水面に浮かび上がる……感動的ですらあった。

押井　宮さんは〝水〟も上手いんだよ。もう天才的。
だから、別にいつもクサしてるばかりじゃないんだって！　ちゃんと褒めるところは褒めている。正当に評価しているんだから。あんなアニメーター、二度と現れないよって言ってるでしょ。ただね、しつこいようだけど、監督には向きませんって（笑）。

――久しぶりに観たんですが、収拾がついてないところとか、ストーリーの破綻とか、問題はたくさんあるけど、やっぱり画には魅せられちゃいますよね。

押井　月日が経って観れば、大テーマなんかはみんなぶっ飛んで、パートパートで楽しんでしまうところはある。やっぱり独自の色気が魅力的だから抗えない。

――でも、デジタルでやったところは、やっぱりよくなかった、というか、手描きのところが素晴らしいので、それに比べるとデジタルはちょっとでしたね。

押井　デジタルを初めて使ったことが公開当時、大きな話題になったよね。アシタカを乗せてヤックルが疾走するシーン等に**マッピング**を使っているけど、宮さんには向かないと思ったね。宮さん独自の、流れるように移動していく風景がもつ移動感や快感、それがテクスチャマッピングなんかで表現できるわけがない。

マッピング
3D－CGモデルの表面に画像を貼り付け、質感を豊かにする方法。

それは確信した。『ナウシカ』の雲海や『ラピュタ』のときの流れる風景みたいに、全部作画でやるべきだと思った。でも、それをやっていたら完成しなかったかもしれないけどさ。

——もうひとつ、特徴的だったのは声優です。今回はやけに豪華ですよね。

押井　言うまでもなくトシちゃんの策略です。**森繁久彌**とか**美輪明宏**、**西村まさ彦**、**田中裕子**に**森光子**まで、もれなく集めている。これまでも俳優を声優に起用したことはあっても、ここまで大量に投入したのは初めて。メインのキャラクターのほとんどは顔出しができる面子だよ。日本人ならまず、その役者の顔が頭に浮かんでくる。

——サンは女優の**石田ゆり子**、アシタカは**松田洋治**ですね。松田さんは『ナウシカ』でもアスベルの声を当ててます。

押井　さっきサンについて、宮さんの美少女とは思えないくらい存在感が薄いと言ったけど、それは彼女の声が心に響いてこなかったことにも原因がある。ほかの美輪明宏も何で？　という感じじゃない？

——でも、押井さんだって『**スカイ・クロラ**』で女優の**菊地凜子**を起用したじゃ

森繁久彌（もりしげ ひさや）
俳優。13年大阪府生まれ。映画の代表作に『社長』シリーズ（56～70）。舞台『屋根の上のヴァイオリン弾き』（67～86）でも知られる。09年逝去。

美輪明宏（みわ あきひろ）
俳優・歌手・演出家。35年長崎県生まれ。代表作『黒蜥蜴』は舞台版・映画版ともに主演。宮崎作品では『もののけ姫』のモロの君、『ハウル』の荒地の魔女の声。

西村まさ彦（にしむら まさひこ）
俳優。60年富山県生まれ。映画の代表作に『のぼうの城』（12）等。宮崎作品では本作の甲

ないですか。**加瀬亮**も。

押井　でも、当時の日本人で菊地凛子のこと、知っている人なんていないでしょ？　加瀬亮の起用に関しては、まあ、いろいろあったんだけど……でも、凛子に関しては知らないだろうからいいかと思ったんだけど。

――いや、知ってました。だって『**バベル**』でオスカー助演女優賞にノミネートされて大注目されたあとですよ。

押井　それは麻紀さんが映画業界にいるから知っているだけ。一般の日本人は知らなかったんだよ。それに、何かのときに彼女と会い、僕が気に入ったから。いま思えば彼女、『攻殻』のラストで少女素子が着ていたような黒いドレスを着ていたんだよね。

――それって意図的だったんですか？

押井　おそらく。ヤル気満々だったから。役者ってそれでいいんだよ。「絶対、この役は取る」という意気込みを見せるというのは大事なこと。『**ガルム**』のときの**メラニー・サンピエール**だって、オーディションのビデオはオカッパ頭で銃を構えてたもん。

六役、『ギブリーズ』の野中くん、『風立ちぬ』では黒川の声。

田中裕子（たなか ゆうこ）
俳優。55年大阪府生まれ。TVシリーズ『おしん』（83～84）で国民的女優に。宮崎作品ではエボシ御前。『ゲド戦記』のクモの声。

森光子（もり みつこ）
俳優。20年京都府生まれ。代表作にTVシリーズ『時間ですよ』（70～89）。林芙美子原作の舞台『放浪記』がライフワークに。12年逝去。

石田ゆり子（いしだ ゆりこ）
俳優。69年東京生まれ。代表作に『悼む人』（15）等。ジブリ作品で

——押井さんの心をつかむのは意外と簡単です。オカッパ頭で銃を持てばいい（笑）。

押井　何言ってんの！　似合っているかどうかが重要なの。それこそが大切なんだからさ。

　ということはさておき、なぜ僕がそういうふうに声優陣が気になったかと言えば、本編を観たのがプレミア試写で、そのときズラリと彼らが壇上に並んだからなんだよ。面子も凄いけど、数もハンパなかったから。

——そういう風に声優を役者にする場合、いつも思うんですけど、石田ゆり子が声優をすることで集客できます？　作品を観たいと思わせる原動力にはなりませんよね？

押井　トシちゃんの「やることは全部やる」だよ。有名人をズラリと並べればマスコミの注目を集めるし、そもそも当時は、宮崎駿より森繁久彌のほうが有名だったじゃない？　別に石田ゆり子で集客しようというんじゃなく、マスコミに取り上げられることを目的にしているだけ。公開前に注目させて映画の認知度を上げるのはトシちゃんの役目だし、第一『もののけ姫』はいろんな意味で重要な作品。

は『ぽんぽこ』のおキヨ、『コクリコ坂』の北斗美樹の声。

松田洋治（まつだ ようじ）
　俳優・声優。67年東京生まれ。TVシリーズ『家族ゲーム』（83）等に出演。『タイタニック』『ザ・ビーチ』のレオナルド・ディカプリオの声。

『スカイ・クロラ』
　08年のアニメーション『スカイ・クロラ The Sky Crawlers』のこと。戦争代行会社のパイロットはキルドレと呼ばれる、思春期で成長が止まり永遠に生き続ける子供たちだった。原作は森博嗣の同名小説。

絶対ヒットさせなきゃいけない。そうじゃないとジブリが終わってしまうくらいの規模だったんだから。

――入魂作だったんですね。

押井　そう。宮さんにとっては頭のなかだけで大上段に振りかぶった入魂の一作だった。鈴木敏夫の入魂は、この作品を興行的に成功させること。さっきも言ったけど、これは宮さんのやりたい放題が生んだ作品で、いろんなセンシティブな問題もたくさん抱えていた。その後始末をやったのもトシちゃんだから。

みんな、忘れちゃっているかもしれないけど、アニメーションでここまで首が飛んだり腕が飛んだりする作品って、まずないですから。公開当時、どこのアニメスタジオも『もののけ』の話で持ちきりだった「あの宮さんが首を飛ばしまくっているよ」ってね。それは何を意味しているかと言えば、宮さんがアンストッパブルになったってこと。トシちゃんの言うことなんて何も聞かない、アンコントローラブルな状況になったんだよ。

僕が考えるに、その兆候は『豚』からあった。あれだけ好き勝手をやっているんだから。その一方で、鈴木敏夫が宣伝のためにますます奔走しなくてはいけなく

菊地凛子（きくち りんこ）　俳優。81年神奈川県生まれ。『バベル』（06）でアカデミー助演女優賞にノミネート。以降、日本だけに留まらず活躍。『ノルウェイの森』（10）、『パシフィック・リム』（13）等。

加瀬亮（かせ りょう）　俳優。74年横浜市生まれ。代表作に『硫黄島からの手紙』（06）、『それでもボクはやってない』（07）等。

『バベル』　06年の米国映画。監督はアレハンドロ・ゴンザレス・イニャリトゥ。モロッコ・アメリカ&メキシコ・日本を舞台に心を通じ合えない現代人の姿を描く。出演は

なった。

——とはいえ、映画史に残る大ヒットですからね。凄いですよ。

押井　結果的には大ヒット。だからますますイケイケになって止まらなくなった。

　これで2本、続けて好き放題やったわけだけど、この2本は全然違う。『紅の豚』でやった好き放題は個人的なこと。でも『もののけ姫』は、日本および自然、人間、文明論まで、自分の興味があること、勉強したことを全部投入して大テーマを掲げ、作家としてやっちゃった。つまり、本格的に作家デビューしたんだよ。

——ということは『もののけ姫』は、宮崎監督の集大成ですね？

押井　集大成？　「大成」してないし。そういう興味や知識をただ集めただけ。編集も構成もしてないから、集めて並べただけ。

——じゃあ、何と言えばいいんですか？

押井　大棚ざらえかな。いや、蔵出しのほうがあってる。根こそぎ出したんだからさ。


ブラッド・ピット、ケイト・ブランシェット、役所広司。


『ガルム』

『ガルム・ウォーズ』のこと。北米は15年、日本は16年公開。バンダイが立ち上げたデジタルエンジンプロジェクトの1本として、00年に公開予定だった『ガルム戦記』がベースのオリジナル・ファンタジー。出演はランス・ヘンリクセン、ケヴィン・デュランド。日本語版プロデューサーは鈴木敏夫。

メラニー・サンピエール
俳優。85年カナダ生まれ。『ガルム』では主人公のカラを演じた。その他の出演作にTVシリーズ『ヒーローズ・リボーン』(15〜16)。

ツッこみどころ満載ですが、300億超！
『千と千尋の神隠し』

STORY
親の都合で引っ越すことになった10歳の少女・千尋。引っ越し先へ向かう途中のトンネルから、八百万の神が集う不思議な町に迷い込む。偶然ハクに出会った千尋は、湯屋に潜入。湯婆婆に湯屋で働く許しを得て、生き抜くために働き始める。

キャスト:柊瑠美　入野自由　夏木マリ　菅原文太　原案・脚本・監督:宮崎駿　プロデューサー:鈴木敏夫　公開日:2001年7月20日　上映時間: 約125分　興行収入:308億円　キャッチコピー:トンネルのむこうは、不思議の町でした。

千尋とカオナシの物語

――『千と千尋の神隠し』は日本の映画史を塗り替えてしまった作品です。興行収入が驚きの308億円。当然ですが、この数字はまだ破られていません。

押井　僕が観たときにとても驚いたのは、その冒頭。揺れる車の後部座席で千尋がぶーたれているシーンから始まるじゃない？　これって実は、宮さんが『**柳川堀割物語**』のオープニングとして考えていたシチュエーションとほぼ同じなんだよ。確かそっちは男の子で、あとはほとんど一緒だと思う。宮さんは『～堀割物語』

『柳川堀割物語』
87年製作のドキュメンタリー。福岡県柳川市を走る水路こと「堀割」の過去を探り、未来を考察する。製作は宮崎駿。製作期間1年の予定が3年に延びたため資金が底をついた宮崎は、自宅を抵当に入れたという逸話もある。

を劇映画でやりたがっていて、その企画会議のときに言っていた冒頭のアイデアがこの『千尋』のオープニング。つまり、何が言いたいかというと、僕も執念深いほうだけど、宮さんも相当だなと。

で、『千尋』ですが、いつもと同じように自分がやりたいシーンをただつないだだけの映画ですね。

——観直してみると、確かにストーリーがとっちらかっている。そもそも、何で千尋の両親がブタにならなきゃいけないのって。しかも、料理をむさぼるブタがリアルで、ホラー映画のようだった。

押井　僕もあのシーンは「ブタ好きな宮さんなのに、なんでこんなにかわいくないんだ」って思ったからね。ブタの負の面しか出ていない。いつもの愛嬌あるブタとはまったく違うから。食べ物もあのシーンに限り、みんなまずそうに見える。

その理由はよく判らないけど、両親をブタにしたのはおそらく、千尋が湯屋でこき使われるための必要条件を考えてだと思う。途中、あまり両親の話は出てこないでしょ？

——ブタになった両親を探しに行くエピソードはありましたが、少なくとも後半、両親を元の姿に戻すのが彼女の最優先事項という感じではなくなりましたね。

押井　まず宮さんが考えたのは、都会出身の千尋が重労働して、何かに目覚めてちゃんとした子供になるというアイデア。それを実行するために両親をブタにしただけなので、そこを一生懸命追う必要もない。両親のミッションはそこでほぼ完了しているんだよ。こういうのをご都合主義と呼びます。

――手厳しい！

押井　だってそれが宮崎映画なんだから仕方ないじゃない。ストーリーラインもなければ、主人公の心理線すら怪しいし。

――ハクから貰ったおにぎりを食べて泣くところ。一緒に泣いちゃったんですけど。

押井　それは単なるディテールです。その場だけのこと。ディテールの説得力がたいしたもんだというのは、さんざん言ってるじゃない。それと映画の評価は別。少なくとも僕は、ディテールのために映画を観ているわけじゃないですから。ディテールはとても重要だけど、それだけで映画は成立しない。監督の力はどこで機能してるんだよ、と訊きたい。一本筋を通す、映画に芯を与え、構造を作り出すのが監督の仕事ですから。クレジットでは脚本も宮さんなんだからね。まあ、実際には何も書いていないだろうけどさ。

——一時期の香港映画みたいですよね。脚本を書かないって。とはいえ、当時の香港映画には絵コンテもなかったようですけど。

押井　**ジャッキー・チェン**の体当たりアクションならそれもアリだよ。だって観客が見たいのは命がけのジャッキーなんだからさ。でも、ジブリの作品は常に大テーマを掲げているんです。それじゃあ済まないでしょう、普通。作品がそうなっているんじゃなくて、鈴木敏夫の策略である宣伝方針としての大テーマだとしてもさ。

——今回のキャッチコピーでいうと「トンネルのむこうは、不思議の町でした。」ですね。

押井　それは最初のほう。あとで変わりました。トシちゃんは必ず中押しするから。そのときにコピーを変えて、今度はカオナシに焦点を移動させた。トシちゃんの理屈で言えば〝カオナシと千の物語〟になった。

——途中から「みんなの中に、カオナシはいる。」になりましたね。

ジャッキー・チェン
俳優・監督・製作者。54年香港生まれのアジアを代表するアクションスター。7歳から京劇や中国武術を学び、映画のエキストラを務める。『スネーキーモンキー蛇拳』(78)『ドランクモンキー　酔拳』(78)をヒットさせてスターに。代表作に『プロジェクトA』(83)、『ポリス・ストーリー／香港国際警察』(85)等。米国で本格的に大ブレイクしたのは『ラッシュアワー』(98)から。『タキシード』(02)のとき、初めて会ったスピルバーグにまずサインを求められたという。作品のエンドクレジットに流れるNG集が人気で、そのなかには実際に血を流しているシーンもあった。

押井　そう、実は『千尋』はカオナシの映画だったということ。どうもトシちゃん、キャラクターの登場カット数をカウントしたらしく、脇キャラのなかでは、意外なことにカオナシが一番多かったらしいよ。確かに、ポロポロと画面の隅っこによく出てくるから。

――宮崎さんが意図して何度も登場させたとは思えないけど。

押井　監督の無意識の発露、ですね。宮さんだってカオナシの映画になるなんて、たぶん思ってもいなかったはずだよ。その無意識を掘り当てる名人が鈴木敏夫なんです。だから、つくづく宣伝に向いている（笑）。

――カオナシって『**禁断の惑星**』のイドの怪物みたいなもんなんですか？

押井　カオナシは、現代を生きている人間の欲望の象徴。どれだけ大量に食って、どれだけいろんなものを与えられても絶対満足しない。欲望そのものだから顔もなく、名前もカオナシ……そう言われているよね。それと千尋がどうやって向き合うかという物語が『千尋』になる。違う言い方をすれば、苦労して、それなりに人の気持ちを判ってきた千尋という少女が、カオナシを説諭する物語。だから、千尋とカオナシの物語というのは、とても正しいんだよ。ハクなんか、どこかに

『禁断の惑星』　56年の米国映画。20年前に消息を絶った宇宙入植者たちを探し、ある惑星に向かった捜索団。そこには博士とその娘、そしてロボットがいた。シェイクスピアの『テンペスト』を宇宙を舞台に翻案したSFサスペンス。劇中に登場する正体不明のモンスターが、博士の潜在意識が生んだ「イドの怪物」。流線型のデザインが美しいロビー・ザ・ロボットはSF映画史に残る逸品。

行っちゃったじゃない。あの美少年、どこに行ったの？

――私のなかには常にいましたけど？

押井　なんだよそれ。ハクはペラペラの脇役じゃない。

――ええ、ええ、ホントに扱いが酷いんですよ。最初は意味シンでしたけど、途中から監督に飽きられちゃって……悲しい末路でしたね。

押井　誰だって最初は千尋とハクの物語になると思うよ。ところが途中から、いままでチラチラ出ていた、ヘンなおばけみたいなおっさんがどんどん比重を増していって、この話、どこに行っちゃうの？ってね。無自覚に映画を作っている宮さんらしいと言ってしまえばその通りで、宮さんの本質がもっともよく出た映画なんだよ。それは間違いない。

始まりはいつも〝問題を抱えた子供たち〟

――観直して気になったのは千尋でしたね。彼女の性格がよく判らない。確かに、住みなれた東京から田舎に転校するので悲しくなるのは判りますが、それは彼女がいま置かれた状況なだけで、性格じゃないですよね？　でも、それがあたかも性格のように描かれていません？

押井　そう、つまりそれは、宮さんがこの女の子を、ひとりの人間として描く気があまりないことを意味している。状況を描き、あとはぶーたれている描写を入れれば、それで成立すると思っている。

それにしてもジブリの作品は、欠陥や問題を抱えた都会の子が田舎に行って自己更正を果たす、自分を見つけ出すという物語が多いと思わない？『魔女宅』はその逆で田舎から都会だけど、『千尋』も『ぽろぽろ』も、あとで出てくる『思い出のマーニー』も同じ。ではなぜ、同じパターンを踏むのか？　僕はそこに、宮さんの本質とのかかわりを見つけ出せないんだよ。興行上の理由しか思いつかない。つまり、鈴木敏夫が作り出したパターンという説。いまの日本に生きる人々にアピールしなきゃいけないんだ、テーマをあげなきゃいけないんだ。そうしないと、宣伝プロデューサーである私の出番は永遠に来ないから――と、トシちゃんが考えたことは予想できる。宣伝することは、世の中にアピールすることだからね。

いまの日本に生きている人間がどんな問題を抱えているのか？　それを誰もが

理解できるかたち、最大公約数的に集約すると「問題を抱えながら都会に生きている子供が、田舎に行って自分を見出す」になる。これならみんな判るし、誰もが興味をもつ物語なんだというわけさ。身も蓋もなく言っちゃえばそうなるんだよ。だから、いつも問題を抱えた子供から始める。ほぼ例外なく。そうでないのは『豚』くらいであって『ラピュタ』だって厳密に言えばそう。

——宮崎さんも鈴木さんに操られていたってことですか？

押井　『魔女宅』のとき、トシちゃんに無理やりやらされたウジウジする少女の物語が、いつの間にかジブリの〝定番〟になってしまったわけ。

——『千尋』の場合、最初はウジウジしていますが、割と早い段階で立ち直り、がんばりまくっていい子になりますよね？　そのプロセスが短すぎると思ったんですけど。

押井　だから何度も言っているじゃない。宮さんはウジウジしたり、こんな仕事やだーなんてグチる子は大嫌いだから、そういう部分はすっ飛ばしちゃうの。すぐに、大好きな一生懸命がんばる子にしちゃう。絵描きなので、自分の嫌いな子はできるだけ描きたくないんだよ。

――それだけで？　普通はその成長過程が重要ですよね？

押井　普通はね。でも、宮さんだから普通じゃないんだし、これは、いわゆる〝宮さんの文法〟で作られた映画。『豚』とは違う意味で、あの人らしさが爆発した、宮崎駿の最高作なのかもしれない。

――メガヒットしたことも含めて、「最高作」ということですか。それにしてもなぜ、ここまでヒットしたのか、ですよね。確かに、魅力的なキャラクターがたくさん登場しますから、そういうところも人気の秘密？

押井　ツッコミどころ満載にもかかわらず、なぜメガヒットしたか――その「なぜ」の部分の答えは簡単に出る。「ジブリ映画が大成功しているから」。日本人って、大成功したものにはツッコミを入れないんですよ。**黒澤明**だってそうでしょ。

昔、**シンちゃん**が言っていたけど、シンちゃんの発明した〝椅子理論〟によれば「黒澤明の椅子には誰が座るのか」という問いの答えは「宮崎駿」になるわけ。誰も批判できない椅子で、最初から巨匠であると決まっちゃってるわけだ。巨匠の場合、日本では批判の対象外ですから。

――それは判りやすいですね。

黒澤明（くろさわ あきら）
映画監督・脚本家。10年東京生まれ。『姿三四郎』で映画監督デビュー。代表作に『羅生門』（50）、『七人の侍』（54）、『蜘蛛巣城』（57）、『用心棒』（61）、『デルス・ウザーラ』（75）等。世界の映画人が多大な影響を受けた日本人監督のひとり。とりわけ『七人の侍』の人気は高く、これまで『荒野の七人』（60）、『マグニフィセント・セブン』（16）としてハリウッドでリメイクされている。98年逝去。

シンちゃん
樋口真嗣（ひぐち しんじ）のこと。特技監督・監督。65年東京生まれ。ガイナックスに参加し『王立宇宙軍 オ

押井　ついでにもうひとつ、シンちゃんの〝パンツ理論〟をあげると、「監督というのは、自分のパンツをいかに下ろすかで、その資質が問われる」というやつ。意外なことに、これはあらゆる監督に適用できる。宮さんの場合は「（パンツを）下ろしかけて、実は下ろさない天才」。だからこそそのエンタテイナーなんだと。**庵野**の場合はすぐに下ろすんだけれど、問題なのは「そこにあったモノはヘンなカタチをしていた」。

――それは言いえて妙ですね。で、押井さんは？

押井　シンちゃんに言わせれば「確かにいつもパンツは下ろすんだが、そこに付いていたのはニセモノだった」って。

――上手い！　じゃあ、樋口さん本人は？

押井　自分自身になると、そう冷静に分析はできないみたいだよ。でも、さっきの椅子理論をシンちゃんに当てはめると「**佐藤純彌**の席」。シンちゃんの周辺はみんな、彼の『**新幹線大爆破**』が大好きだから、ああいう底抜け大作映画を連発する席に座りたいんだよ。

まあ、それはおいといて、日本人なら誰でも知っている映画監督と言えば、

ネアミスの翼』（87）で助監督を務める。『ガメラ 大怪獣空中決戦』（95）で特技監督。監督作『ローレライ』（05）が大ヒットし『日本沈没』（06）も手掛ける。代表作に『進撃の巨人 ATTACK ON TITAN』『進撃の巨人 ATTACK ON TITAN エンド オブ ザ ワールド』（15）、『シン・ゴジラ』（16）。

庵野
庵野秀明（あんの ひであき）のこと。アニメーター、監督。60年山口県生まれ。『ナウシカ』制作に参加するため上京。原画マンとして参加する。注目されたのは作画監督を務めた『王立宇宙軍 オネアミスの翼』（87）。監督デビュー

ちょっと前まで黒澤だった。でも、いまは宮崎駿。上はじいちゃんから下は幼稚園児まで、みんな知っている。そういうふうに出来上がっちゃったから、いまさら誰が何を言おうと関係ない。それについては、賞賛する以外の言葉はないんだよ。日本ではね。

画のクオリティと成熟度

——300億円の映画を作ってしまうと、そういう評価になってしまうのかもしれませんよね。しかもこれ、アカデミー賞まで受賞したんですよ！　確かに、あの湯屋の色の洪水は美しかった。九谷焼みたい。

押井　いや、クオリティ面で見るといいとは言えない。色も濁った感じ、とりわけ湯屋のシーンがね。

——そうなの？　まっくろくろすけのご飯がカラフルな金平糖だなんて、すてきじゃないですか。色のコントラストを考えてるんだなーって思ったんですけど。

押井　だから、何度も言っているように、それはディテールです。本当に何度も言っちゃうけど、宮さんの映画を語るときの常套句が「あのシーンが凄かった」

作をOVAの『トップをねらえ！』（88〜89）で飾り、TVシリーズ『ふしぎの海のナディア』（90〜91）でブレイクする。TVシリーズ『新世紀エヴァンゲリオン』（95〜96）で一大ブームを起こし、同作の劇場版も手掛けた。大ヒットした実写映画『シン・ゴジラ』（16）では総監督・脚本等、あらゆる部門でクレジットされている。06年には自らが代表取締役を務めるアニメ製作会社株式会社カラーを設立。劇場版『ヱヴァンゲリヲン』の製作を手掛けている。

佐藤純彌（さとう じゅんや）　映画監督・脚本家。32年東京生まれ。『陸軍残

「あの子がかわいい」「あのキャラクターが最高」。「あの」しか出てこない。作品全体を語るということが、まずないんだよ。

　で、この作品で僕が気になったのはレイアウト。レイアウト力がめっきり落ちてしまった。釜炊き場の空間や、湯屋の内部の空間に見られる不整合は、いまに始まったことじゃないから目をつぶるとしても、レイアウトのダイナミズムがなくなった。あんな凄い立体的な湯屋を作っておきながら、高さのレイアウトがあまりないんだよ。カメラが横にしか移動しないし、上下移動のときはエレベーターだなんてありえない。昔の宮さんだったらあんなラクチン、絶対しないから。すげえ階段作ってワーワーやるに決まってる。エレベーターという発想なんて、ホントにありえない。驚いた。

　おそらく、最初は「凄いことをやる」というつもりだったんだと思う。でも、気力がそれについていかなかった。それは『もののけ』の頃から感じていたことで、徐々にほかの原画マンに任せるようになったんだよ。アニメーションの現場ではやはり画のことがもっとも話題になるから、そういう意味で『千尋』のときは「さすがの宮さんも」という表現が多かった。つまり〝歳〟を感じちゃったわけ。アニ

虐物語』(63)で監督デビュー。代表作に『君よ憤怒の河を渉れ』(76)、『野性の証明』(78)、『敦煌』(88)、『北京原人Who are you?』(97)、『男たちの大和／YAMATO』(05)等がある。

『新幹線大爆破』
75年の日本映画。走行速度が時速80キロを下回ると爆発するという爆弾を仕掛けられた新幹線を巡り、国鉄・政府・犯人の三つ巴の攻防戦が展開する。日本では珍しいパニックアクション映画。

メーションは基本、全部手作業だから、そういう変化を隠しきれないんだよ。

そういう視点で改めて宮崎作品を観てみると、画のクオリティのピークは『魔女宅』だと思う。そして、自分の作品としてのピーク、つまり成熟度は『千尋』辺りからかな。面白いよね、自分の作品のピークと、クオリティのピークは一致しないんだよ。それは宮さんに限らず、そういうことになる。『魔女宅』は宮さんがもう一度、観たい映画じゃないと思うから皮肉でもあるんだけどさ。

――押井さんの場合は？

押井　クオリティのピークは『イノセンス』、作品としてのピークは『スカイ・クロラ』。これは自信がある。僕は確信があるけど、宮さんが確信しているかは怪しいよ。

――あと〝春巻き伝説〟というのがありますよね。宮崎さんが、両親の春巻きの食べ方が違うと言って、何度も何度も担当原画マンにダメ出ししたという逸話。

押井　それはＮＨＫのドキュメンタリーか何かに出てくるエピソードだよ。でも、僕に言わせると「いまさら」だね。

そんなこと、僕が出会ったときから延々と言い続けている話。「いまどきのアニメーターは、実感の世界からどんどん遠ざかっている」ってね。それでケンカしたこともあるんだから。

――またケンカですか（笑）。

押井　僕が『イノセンス』を作っている頃、宮さんが『ハウル』をやっていて、僕はよくジブリに出入りしていたんだよね。あるとき、最初は穏やかに話していた宮さんの機嫌がだんだん悪くなってきて「最近のアニメーターは……」「絵描きの心情が……」とかグチャグチャ言い始めた。僕はだんだん腹が立って来て「いまさら何言ってんだ。そんなものは10年も20年もまえから何も変わってないよ！」って。で、怒鳴りあいになった。もうスタジオ中に響き渡る怒鳴りあい。たぶん、それが最後。宮さんとはそれ以来、会ってないよ。

――へー、本当に仲がいいんですねえ（笑）。

押井　はぁ？　全然よくないよ！

――いやいや、で、その「春巻き」についてはどう思います？

押井　まあ、宮さんの言うことが正しいのには変わりなくて、いまどきの若いアニメーターは、要するに紙の上でしか仕事をしていない。そして、アニメーションしか観て育ってない。しかも、ロボットもののような作品しか観ていないので、人間がものを食べて排泄するという、もっとも〝生〟の実感を得られるところから一番遠い場所で仕事をしている。でも、アニメーターって本来そういうもんじゃなくて、実感の世界を再現するのが仕事なんだよ。だから宮さんの言う「正確である必要はない。実感を再現することがアニメーターの最終的な仕事」になるわけだ。僕もこの意見には賛成する。「まず、ものを観察するところから始めろ」と言うんだよ。優秀なアニメーターというのはもれなく観察の天才だから。言うまでもなく、その点でも宮さんは天才です。

映画史上最高のシーン

――だからいつも、宮崎さんの食事シーンは本当に美味しそうなんですね。こんなに美味しそうなおにぎり、初めてでしたから。

押井　うん。ものを食べる芝居はその典型。少なくとも宮さんは、僕の知る限り、ものを食べるという芝居に関しては第一人者ですよ。

僕はね、自作に食べるシーンを入れるという意味でも、とても宮さんに共感していた。『コナン』の頃から、食事シーンは本当に素晴らしい。僕も実写、アニメ問わず、食べるシーンは必ず入れるんだけど、そう簡単じゃないんだよ。とりわけアニメーションになると難易度が上がり、ほとんどは失敗してしまう。そもそも僕と宮さんが意気投合したきっかけも、その食事シーンのことがあったからだからね。宮さんにとって食べることは、走ったり飛んだりすることと同じ。おにぎりを食べながら泣くなんていうのは、まさに美味しそうに食べるという行為の究極的表現でしょ。

――あのシーンで泣く人がたくさんいますよね。私もそうですが。確かDVDを出すとき、あのハクのおにぎり型を特典でつけてませんでしたっけ。鈴木さんってその辺、商魂逞しいなあって思っちゃいましたけど。

押井　それこそ宮さんのジレンマ。「人間の手で握った、ぬくもりのある握り飯こそがおにぎりであって、ラップされたコンビニのおにぎりなんか、人間の食うもんじゃない！」って言いたいはずなんだよ。でも、その言葉は呑み込まなきゃいけない。成功すればするほど、自分が呪う世界に利用されて行く。でも、商業主義で仕事をするというのはそういうことだから――。

DVD
ビデオ・DVD予約特典として付いていたのがハクのおにぎりフィギュア。何でも宮崎監督の握ったおにぎりをかたどっているんだとか。監督がおにぎりを握っている証拠写真付き。

これまで宮さんの抱えているだろう矛盾についていろいろ言って来たけど、最大の自己矛盾はこれなんじゃないかな。自分の呪うべき世界で大成功を収めたことに対するお釣り。言い方を換えれば、本来のあるべき自分の姿から逆襲されている。でも、それを認めたくないからわめき散らしたりしているわけだ。

自分だけが儲かってしまうことにも後ろめたさがあって、僕でさえもヨーロッパのリサーチ旅行に連れていってくれたりしていたから。まあ、ほかにもオトナの事情があるんだろうけど（笑）。僕はそれを、宮さんなりの贖罪だったんじゃないかなーって思うんだよね。

――何かしんみりしちゃいますね。

押井　でも、相変わらずイメージの爆発力は凄まじくて、特に千尋とカオナシが路面電車に乗って銭婆に会いにいくシーン。あれは明らかに三途の川。宮さん自身も意識していると思うよ。浅く冠水した線路を千尋がカオナシと一緒に列車でゴトゴト行く――。あの三途の川のイメージは、これまで観た映画のなかで最高だった。

――宮崎さんの映画のなかで？

押井　全部の映画のなかで。

――えっ⁉

押井　同じようなことを**鈴木清順**もやっているし、いろんな監督がやっているけど、この宮さんの表現が最高に素晴らしい。

――『火垂る』の路面電車よりもいいんですね。

押井　もちろん。あれは暗くて憂鬱だった。しかし、宮さんの三途の川は、驚くほど透明感があり、ある種の清々しさがある。さらに静寂に包まれていて、本当に素晴らしいと思った。乗客もぼやっとした黒い影みたいなかたちで、実はこの表現には手間がかかる。つまり、ちゃんと力を入れたシーンなんだよ。

いわば、宮さんの死生観が現れたシーン。『火垂る』の高畑さんと比べると、遥かに宮さんの死生観のほうが深いということが、これでよく判る。高畑勲という所詮、クソインテリであって、インテリゲンチャが夢想した三途の川の異界なんてあんなもんであってさ。

――でも、押井さん、『火垂る』のそのシーン、褒めてますよ。

押井　『火垂る』で心に残るのはそこしかないから、もちろん褒めた。なぜって、

鈴木清順（すずき　せいじゅん）
　監督。23年東京生まれ。代表作に『肉体の門』（64）、『東京流れ者』（66）、『殺しの烙印』（67）、『ツィゴイネルワイゼン』（80）等。「三途の川」が暗示されている作品は『ツィゴイネルワイゼン』。17年逝去。

そこまで行かない映画がほとんどだからだよ。でも、宮さんの三途の川に比べたら数段落ち。説得力がまったく違う。人間が死ぬという死生観の深さがまるで違う。絶えず人間が生きることの実感を求め続けてきた宮さんと、観念的にしかそれを考えてこなかった高畑さんの違いがはっきり出ているよ。これは声を大にして言いたい。本当にあのシーンは素晴らしいんだから！
ただ、問題なのは、行っちゃった向こう側を描いてしまったことだよね。

――千尋は、銭婆の家でお茶をいただきますよね。

押井　それまでは素晴らしいのに、着いたところを見てしまうと「あ、こんなものか」という感じになっちゃう。やっぱり、そこまで踏み込むものではない。というのもあれはね、どんな監督であろうと描けませんから。向こうに渡るまでの表現はできても、渡った先の表現はできない。それをやっちゃうと**丹波哲郎**の『**大霊界**』になってしまう。漫画になっちゃうんだよ。
なぜ死後の世界が表現できないかというと、誰も体験したことがないから。宮さんの理屈で言えば「見たことのないものは、アニメーターは描けない」になる。

――じゃあ、何で描いちゃったんです？

丹波哲郎（たんば てつろう）
俳優・心霊研究家。22年東京生まれ。『殺人容疑者』（52）で映画デビュー。代表作に『豚と軍艦』（61）、『切腹』（62）、『十三人の刺客』（63）等。TVの代表作に『キイハンター』（68～73）、『Gメン'75』（75～82）。心霊や霊界に造詣が深く、著書のほとんどはその関連書だった。06年逝去。

『**大霊界**』
『丹波哲郎の大霊界 死んだらどうなる』のこと。89年製作。原作・脚本・総監督・出演すべて丹波哲郎。事故死した男が霊人に導かれ転生するまでを描く。配収9億円を記録し続編『丹波哲郎の大霊界

押井　カオナシとコトコト揺られて、ふと目が覚めた――なんてふうに終わらせることもできたのになぜやったのか？　それはもう、宮さんが「そこまでやらないと、まずいんじゃないか」というふうに、余計な気を回してしまったからだよ。もともとワケの判らん話をやってるんだから、その辺の辻褄になぜこだわるんだと言いたいんだけどさ。

――結局、ハクが迎えに来るわけですから、ハクと千尋の関係をはっきりさせるためのシチュエーションも欲しかったのかも？

押井　だから、ハクと千尋の関係なんて後付けだって。宮さんにとっては、もうどうでもよくなっている。余計なことを盛り込むから馬脚を現してしまうんですよ。

でもさ、僕としてはカオナシが宮さんのどこから生まれたのかは気になるけどね。宮さんは無意識の天才だけど、宮さんの独創にしてはカオナシって異色じゃない？　向こうから来た、つまり彼岸の世界から来たんだろうという予想はつくし、だからこそ三途の川も出て来る。でも、宮さんのどこからあのイメージがわいたのか、それはいまでも気になるんだよね。

2　死んだらおどろいた!!』（90）、3作目『大霊界3』（94）まで作られた。

男の気持ち、判ってます
『ハウルの動く城』

シンプルだけど深い〝カチャカチャ〟

――『ハウルの動く城』も大ヒットしましたね。興行が196億円です。この数字はジブリの作品では『千と千尋の神隠し』に続いて2番目になります。原作は**ダイアナ・ウィン・ジョーンズ**で、脚本は宮崎さんです。

押井　『ハウル』はいい。ジブリの作品のなかで一番好き。ストーリーが明解じゃないとか、辻褄が合ってないとか、そういうことはいままでの宮さんの映画と何ら変わりはない。そういうことはいまさら言ってもしょうがないから。じゃあ『ハ

ダイアナ・ウィン・ジョーンズ
英国のファンタジー作家。34年ロンドン生まれ。代表作に『ハウルの動く城』シリーズ、『大魔法使いクレストマンシー』シリーズ等がある。本作の原作はシリーズ1作目にあたる『魔法使いハウルと

STORY
帽子を作って暮らす18歳のソフィーは、荒地の魔女の呪いで90歳の老婆の姿に変えられる。店にいられず飛び出したソフィーの前に現れたのは、美貌の魔法使いハウルが住む“動く城”。ソフィーは城の掃除係として住み込むことにするのだった。

キャスト：倍賞千恵子　木村拓哉　美輪明宏　原作：ダイアナ・ウィン・ジョーンズ　脚本・監督：宮崎駿　プロデューサー：鈴木敏夫　公開日：2004年11月20日　上映時間：119分　興行収入：196億円　キャッチコピー：ふたりが暮らした。

ウル』の何を評価するのか？　ひと言で言うと、あのカチャカチャですよ。宮さんが歳を取ったという心境の変化を、カチャカチャがよく表していると思った。

——ハウルの城のドアに取り付けられたチャンネルみたいなものですね。扉の向こうが４つに分かれている。

押井　僕はあれに本当に感心した。カチャカチャするたびにドアが違う世界に通じて、黒いチャンネルは戦場で、炎がゴーゴー燃えていて、ハウルは化け物のような鳥になって飛びまくっている。そして、疲れ果てて城に帰って来るんだよ。そんなハウルを見てカルシファーが「戻れなくなるぞ」と言う。あれは何を表していると思う？

——宮崎さんの心が４つに分かれているということ？

押井　いや、その数は関係ない。女性には判りにくいかもしれないけど、男はすぐ判る。とりわけオヤジならすぐピンとくる。オヤジは無意識にあのカチャカチャをやっているから。つまり、意識的であろうが無意識であろうが、いくつかの人格を演じ分けているんだよ。会社で働いてきたオヤジが家に戻るとカチャッと変わる。どこかでお姉さんとよろしくやっているときもカチャッと変わる。息

火の悪魔』。また、『七人の魔法使い』も英国のTVでミニシリーズ化されている。11年逝去。

子や娘を相手にしているときも変わる。要するに人間って、いくつかの世界を別々に生きている生き物だということ。そのなかにはモンスターになってしまう暗黒面もある。モンスターになって戦場を飛び回っているダークサイドを必ず抱えて生きてるということなんだよ。

オヤジの内面的世界の多重性を、たったあれだけで、説得力をもって表現されたのを映画で観たのはおそらく初めて。僕はとても気に入った。カチャカチャ回して一瞬で切り替わる。素晴らしいよ。

――絶賛ですね！

押井　うん。しかもかなりヤバいでしょ。ときどき間違えて、奥さんや子供の前で見せちゃいけない顔を出してしまう。それくらい、奥さんは察しているだろうけど、あんまり口には出さない。僕に言わせれば、男と暮らすということは、そういうこと。付き合っている時期には判らないけど、結婚して子供が生まれたりすると、オヤジがいろんな顔を使い分けているんだということに気づき始める。

こういう表現が生まれたのも、宮さんがカチャカチャで苦労した人だからだと思うよ。

いまは宮さんも上手くやっているだろうし、僕もやっている。映画監督なんてカチャカチャの天才じゃないとやっていけないしね。スタッフに対する顔、役者に対する顔、プロデューサーに対するときの顔、自分ひとりのときも家族といるときも。本当にいろいろ使い分けなきゃいけない。

――苦労しているということですね。

押井　そうそう。宮さんみたいな人は、ヘビー級のモンスターを抱えているんじゃない？　ハウルにとっては、ヒューマニズムも何もかも消し飛んで、一匹のモンスターになる時間。血みどろになるくらいに大変だけど、それでもやめられない。なぜなら、その時間がないと生きていけないから。

もしかしたら元ネタはあったのかもしれないけど、あんなに上手に表現されてはいないと思う。宮さんのは本当にスペシャル。カチャカチャがよすぎたので、後は全部吹っ飛んじゃった。だって、例によって戦争は突然、終わっちゃうんだよ。

――だいいち、何の戦争だったのかよく判らなかった。というか、判らないことだらけでしたね。ソフィーの目的は、魔女にかけられた呪いを解くことのはずなのに、それもいつの間にか消し飛び、なぜかその魔女と一緒に暮らし始めるし。

押井　だから、理屈を言っても無駄なの。あれはまるごと宮さんの妄想の世界。因果律なんてないんだってば。あの世界自体、宮さんの妄想ですから。

——でも、原作がありますよ。

押井　たぶん、跡形もないんじゃない？　残っているのは設定くらいかも。だいたい、あのお城のデザインが凄い。魚雷発射管まで付いてんだよ？「何、この魚雷発射管？　どこを狙って撃つんだ」って。宮さんが好きなものが全部くっついている感じ。

宮さんと僕の〝家族論〟

——あのデザイン、大好きですよ。

押井　何でもくっつけているから、今度は〝家族〟までくっつけるようになった。

これはトシちゃんの言っていたことなんだけどさ。当時、トシちゃんは僕の『イノセンス』のプロデューサーもやっていて、こんなことを言ったんだよ。「いやあ面白いなあ。図らずも宮さんとアンタが同じような映画を作ってる。要するに家族。家族の物語なんだ。片方は、魔法使いのばあさんだろうが孤児だろうが、誰でも家に引きずり込んで、みんな家族でどこが悪いという映画。アンタの家の場合は、イヌだろうが人形だろうがなんだっていい。人間かどうかさえも関係ない。新しい絆としての家族論として考えると、実に面白い」ってさ。

——鈴木さん、深いですね。

押井 そういう見方はできる男なんだよ。誰も思いつかない見方をするのがあいつの強みだとも言える。

もちろん僕は無意識。家族の物語をやってるつもりなんてまったくなかった。無意識の天才の宮さんも当然そうだよ。でも、トシちゃんに言われると「そうなんだ」ってね。人間が他者とある種の共同性を作ろうとするとき、一番原初的なありようが家なんだよね。もちろん男女の関係はあるけど、それを社会的な関係のなかで落とし込む場となるとやはり家族という関係しかない。それは血縁である必要すらもはやないんじゃないか。そもそも赤の他人と家族を始めるわけだから、血縁とは呼ばないでしょ。夫婦は基本的に赤の他人同士だから血縁じゃないし、そこから出発して血縁になるわけでさ。**寺山修司**の『**家出のすすめ**』みたいな話じゃなくて、いったんバラバラになっちゃって、みんないろんな形で家族を模索している時期なんだということなのかもしれないよ。

そうやって考えると『ハウル』の場合、彼らの住む家でさえも二足歩行で動いているわけじゃない？　これは何を意味しているかと言うと、家族のひとつの象徴でもある〝定住〟ということすらもう関係ないということ。家がもっている土着性ももはやどうでもいいんだよ。

一方で『イノセンス』は、人間じゃなくたっていいわけなんだけど、それでも誰かと一緒にいないと人間としてやっていけないんだということになる。

家族論として2本の作品を考えると、いろいろと判りやすくなることは間違いない。そう考えなかったら、どんどん判らない映画になっていくのが『ハウル』なんだからさ。

宮崎駿はデヴィッド・リンチだった⁉

——その家族で言うと、ソフィーの家族も判りませんよね。どうもモテモテの華やかな妹がいるらしいくらい。

寺山修司（てらやま しゅうじ）
劇作家・歌人。演劇実験室〝天井桟敷〟主宰者。35年青森県生まれ。自身の代表作、評論集『書を捨てよ町へ出よう』の舞台台本、そして映画版の監督・脚本を務めた。自らの歌集『田園に死す』をもとに74年、同名の映画を監督した。83年逝去。

『家出のすすめ』
寺山修司の青春論。若者に家族とは、家とは何かと問いかけ、自立を促してくれる。

押井　『ハウル』のストーリーを事細かく思い出せる人なんていないよ。僕は珍しく2回観たんだけど、やっぱりストーリーは覚えられなかった。主人公のハウルだって突然出てくるし、ソフィーも帽子を縫っているところから始まるけど、何で帽子屋？

――原作が帽子屋なんです。

押井　でも、きっと宮さんのことだから、帽子を作っているシーンを描きたかったんじゃない？　宮さんは職人が好きだから、何か物作りをしているところを描きたかっただけだよ。

いままでも自分が思いついたシチュエーションや妄想を、ある程度整合性を犠牲にしてまでも実現したいという傾向はあったんだけど、こと『ハウル』にいたってはほぼ完全に開き直ったかのごとく、妄想一直線になっちゃった。『ハウル』はそういう映画です。原作があろうがなかろうが関係ない。ハウルの師匠の話なんて、その典型だよね。

――**加藤治子**が声をやっていた、おばさん魔法使い、サリマンですね。

押井　流れ星のようにいろいろ飛んでくるのは、確かに美しい見事なシーンだっ

加藤治子（かとう はるこ）
　俳優。22年東京生まれ。TVの代表作に『七人の孫』(64)、『寺内貫太郎一家』(74～75)、『浅見光彦』シリーズ(94～09)等。映画の代表作に『私が棄てた女』(69)、『ときめきに死す』(84)等。宮崎作品は本作のほか『魔女宅』で老婦人の声を当てた。15年逝去。

たけど、あの話とどんな関係があるの？　宮さんの魔法のイメージがきっとあの美しさだから、やってみただけだって。

——それに限らず、あの師匠はわけが判らなかった。

押井　本当に何度も言うけど、宮さんの映画に整合性を求めちゃいけないんだって。妄想なんだから。**リンチ**の『ツイン・ピークス』と同じだと考えればいいんだよ。

——リンチには整合性なんて求めていませんから。誰も筋の通った話を期待してない。

押井　じゃあなぜ、宮さんの映画でそれを期待するの？　リンチも宮さんもたいして変わらないよ。自分の妄想を映画化しているという点においては。

——「宮崎駿はデヴィッド・リンチだった」って、それは凄い説ですね。

押井　リンチと宮さんが決定的に違うのは、リンチは人間を不気味なものとして見ている。リンチのテーマは人間の不気味さしかないから。リンチ・ファンの僕が最近、やっと到達した結論がそれ。人間という不気味な存在。その人間がしでかす不気味な事件。それがテーマなんだよ。人間それ自体が不気味だから、善も

リンチ
デヴィッド・リンチのこと。映画監督・脚本家・プロデューサー等。46年米国生まれ。『イレイザーヘッド』(76)で長編デビュー。代表作に『エレファント・マン』(80)、『ブルーベルベット』(86)、『ワイルド・アット・ハート』(90)、『マルホランド・ドライブ』(01)等。TVシリーズに一世を風靡した『ツイン・ピークス』(89〜91、17)がある。基本、現実と幻想が交錯する摩訶不思議な作品。明快な物語がないぶん、中毒性があると言われる。

悪も関係ない、天使も悪魔も関係ないというような作品になってしまう。だから唯一無二の映画になる。

じゃあ、宮さんの場合はどうか？　宮さんは人間を、本当は善き者として見たいし、美しい世界を見たい。取り憑かれたように不気味な世界に没入するリンチとは決定的に違うんだよ。ただ、どちらも、自分の妄想を映画で実現したいタイプであることには変わりない。もうひとつ違うのは、リンチの場合は確信犯としてその不気味さを描いているけど、宮さんは無意識というところ。

――後半になってソフィーが、突然、若くなったり、おばさんになったり、おばあさんになったりするのも意味はない？

押井　ない。その場にふさわしい姿になっただけ。「ここはちょっと若いほうがいいかな」って感じで決めたんだと思うよ。それ以外に理由はないです、おそらく。だから、そこを深ヨミしても何も出てこないよ。

――リンチの映画は理解できなくてもいいと思うけど、宮崎さんの映画は理解したいと思っちゃうんですよね。

押井　それは、一見するとちゃんとした劇映画に見えるからです。

それだけ妄想を爆発させといて、ケリはつけようとするじゃない？　つまり、最後の最後に開き直れない。そういう意味ではリンチよりも明らかに小心者です。

——でも押井さん、『ハウル』が一番好きなんですよね。

押井　うん。最後には開き直れなかったけど、それまではかなり清々しいよ。劇映画の体裁を取ろうと無理をしていないから。そういう意味ではわりと好意的。それにカチャカチャとか、師匠が星を降らせるシーンなんて、とてもきれい。さすがですよ。王宮の描写はこんなもんかと感心しなかったけど、王宮の階段をフウフウ言いながら上がるシーンは面白い。ホント、いいシーンはたくさんある。

ハウルは宮さん自身

——その階段のシーンに出てくるイヌのヒンって押井さんに似てませんでした？

押井　あれはさー（笑）公開当時、スタッフにもさんざん言われたけど、明らかに僕に対する悪意を感じるよね。だってヒンってダメイヌでしょ。性格も悪そうだし。

——だから押井さんなんですよ。「押井さん出たぁ！」って思っちゃいましたから。

押井　僕も自分の作品のなかでさんざんからかって来たからさ。『パト』に登場する**上海亭のオヤジ**の名前を「崎宮駿」にしたりしてるし。高畑さんは「**高畑警部**」として登場させて、まあ、こっちは悪役だけど（笑）。言うまでもなく、鈴木敏夫は何度も出しているから。

でも、そのイヌが僕だというなら、ハウルは宮さんだよね。主人公に自分を投影したのって『豚』以来じゃない？

——ちょっと待ってください。あのハンサムなハウルくんが、ですか？

押井　そうだよ。『紅の豚』『ハウルの動く城』、そして『風立ちぬ』かな。宮さんが主人公に自分を投影したのは。

——ハウルのどこが宮崎さんなの？　それショックを受けるファンがいそう。

押井　ああいう男でありたい。魔法使いだし、あの家族の主宰者。間違いなく自分を投影しているよ。

——「美しくないと生きていけない」なんて言うんですよ。

上海亭のオヤジ　TVアニメ版『パト』第29話『特車二課壊滅す！』に登場する中華料理店・上海亭の店主、崎宮駿のこと。ノライヌに食べさせた皿を洗わずに使ったため、特車二課の隊員が食中毒になるという物語。脚本は押井。シリーズのなかでも傑作と呼ばれるエピソード。ちなみに、その店主は宮崎監督によく似ている。

高畑警部　TVアニメ版『パト』第9話『上陸　赤いレイバー』に登場する公安外事一課の男の名前が「高畑」。尊大な態度で特車二課の連中に接する。

押井　そうそう、ブタから一転してそんなことを言っちゃってる。何せ声が**キムタク**だからね。宮さんって実は結構、かっこつけなんですよ。ただ、自分がかっこつけても似合わないのは判っているから地味にしているけどね。いつ頃だったか、**司馬遼太郎**の真似してた時期もあった。黒いコート着こんでさ。宮さん、司馬遼を尊敬しているから。僕は大嫌いですけど。

僕がハウルでもっとも宮さんっぽいと思ったのは、怪物になって城に帰ってきてズルズルと2階に上がってゆくシーン。あれは宮さんの実感がこもっているよ。外で大暴れして、這うように自分の部屋に帰るわけだから。ソフィーに「またこんなにして！　仕方ないわね」って叱られるのも、奥さんにそう言われていたのかなーと思わせるじゃない？　やっと帰ってきたら、こんな怪物になっちゃってって。そういう意味では、本当に判りやすい人なの（笑）。

宮さんを知っていれば、そういう面白さもある。でも、知らなくても、楽しいシーンは満載だし、美しいシチュエーションもたくさんある。ドラマがどうとか言う筋合いじゃない。だから、世間にそう言っちゃえばいいのにと思うんだけど、その世間は「（宮さんの映画は）ドラマが素晴らしい」と思いたいんだよね。

キムタク
元SMAP木村拓哉（きむら たくや）のこと。この起用について鈴木の言葉によると、ジャニーズのほうからジブリに、木村さんが何らかのかたちでやってみたいらしいという話があって実現したとコメントしている。また、アフレコの本番のとき、彼の第一声を聴いて宮崎さんがガッツポーズのような仕草をしたので安心した、とも言っているが……。

司馬遼太郎（しば りょうたろう）
小説家・ノンフィクション作家・評論家。23年大阪府生まれ。代表作に『梟の城』『竜馬がゆく』『国盗り物語』『翔ぶが如く』等。

ハヤオ・ストライクス・バック！

『崖の上のポニョ』

STORY
家出をして海岸へやってきたさかなの女の子ポニョは、頭を空き瓶に突っ込んで困っていたところを、5歳の少年・宗介に助けてもらう。宗介に出会ったことをきっかけに人間になりたいと願うポニョだが、その強い思いが、世界を巻き込んでいく。

キャスト：山口智子　長嶋一茂　天海祐希　所ジョージ　原作・脚本・監督：宮崎駿　プロデューサー：鈴木敏夫　公開日：2008年7月19日　上映時間：約101分　興行収入：155億円　キャッチコピー：生まれてきてよかった。

水の表現は天下一品

——『崖の上のポニョ』も宮崎さんのオリジナル脚本です。押井さんは、宮崎さんの水の表現は天下一品だとおっしゃってましたね。

押井　あまり語られたことはないけど、天下一品です。『もののけ姫』のシシ神が水の上を歩くシーンなんて他の人には無理ですから。だから、これも徹底的に水を表現してみたかったんじゃないかな。だから冒頭の水のなかのシーン、そして中盤に登場する、水没した町を古代魚が優雅に泳いでいるシーンとか、もう宮さんの独壇場。あれは本当に素晴らしい。技術的にもスゴいけど、ああいう情景を作り出す才能はさすがですよ。宮さんのイマジネーションが弾けまくって、まさに〝ハヤオ・オン・ステージ〟。

それに、前作の『ハウル』はデジタルを使ったから、それにかなりウンザリした。次の『ポニョ』は動画の魅力をみんなに見せつけたいという気持ちが強かったんだと思う。つまり〝ハヤオ・ストライクス・バック！〟。〝宮崎駿の逆襲〟ですよ。

——何だか、鈴木さんと宮崎さんが果てしなき闘争を続けている感じですね。

押井　まさにそうです。面白いことに、興行成績や動員が増せば増すほど、相対的に鈴木敏夫の発言力が低下し、宮崎さんの発言力が強化された。トシちゃんの宣伝が成功すればするほど自分の発言力が低下していったんだから皮肉というか面白いというか。本人はきっと「もともと裏方だ」とか「オレはプロデューサーだから（仕方ない）」とか言うんだろうけど。相当、いじけてたんじゃない？

——宮崎さんは喜んでいたのかしら？

押井　そりゃそうでしょう。『ポニョ』みたいな映画を作れるんだから、嬉しいに決まってますよ。いつもストーリーがムチャクチャだけど、今回はよりメチャクチャ。それは宮さんがどんだけバクハツしていたかを物語っている。

——波に乗って宗介を追いかけるポニョの姿がクルクル変わるじゃないですか。あれってポニョの変化を描きたかっただけ?

押井 それ以外に理由はないでしょう。

——じゃあ、『ハウル』のときに、ソフィーの見た目がコロコロ変わるのと同じ?

押井 それはちょっと違う。『ハウル』のときは説話行為。物語を語るときのテクニックのひとつだけど、『ポニョ』の場合はメタモルフォーゼ。表現の問題で物語は関係ない。その辺の表現は独走しているというか、もう暴走に近い。話が極端に破綻しているひとつの理由はここにあって、『ポニョ』の表現力の暴走に、物語がまったく追いついていってないの。今回のラストなんて辻褄合わせにすらなっていない。ポニョのお母さんと宗介のお母さんがヒソヒソ話をしている姿を見せるだけで、何を話したかも聞かせない。で、じゃああんたたちあとで結婚しなさいって、もうムチャクチャ。辻褄合わせを放棄し、物語も放棄している。

——でも、いつも放棄してますよね。

押井 まあ、そうなんだけど、これまでは辻褄だけは合わせようという努力のあとは見られた。今回はそれすらないからね。

　子供たちの母親まで暴走していて、宗介の母親、とんでもないでしょ。わざわざ海際の危険な道路をアクセルをベタ踏みで疾走するんだよ。表現力が暴走しているというか、ああいう表現をやりたかったんだよね。波との追いかけっこ。

——私は宗介が母親のことを「お母さん」とか「ママ」とは呼ばずに、「リサ」と名前で呼んでいたので驚いたんですけど。彼は5歳児なので、(クレヨン) **しんちゃん**と同じようにしたのかなって。

押井　あれはたぶん、宮さんのなかでの新しい家族のイメージだよ。ジジイになったせいかもしれない。

——というと？

押井　ジジイって孫とかに「おじいちゃん」と呼ばれるのもいいけど、呼び捨てにされるのもまた嬉しいんだよね。

——押井さんも「マモル」って孫に呼ばれたい？

押井　僕の場合は「東京のジイジ」なんだけどさ(笑)。

　いや、それはさておき、宮さんの抱いている家族のイメージが『トトロ』のとき

しんちゃん
『クレヨンしんちゃん』の主人公・野原しんのすけのこと。90年に『漫画アクション』で連載が始まった臼井儀人の漫画の主人公。92年にTVアニメ化され現在も続いている。マイペースな5歳児で、TVシリーズが始まった当初は母親を「みさえ」と名前で呼び捨てにしていたが、視聴者からクレームがつき「かあちゃん」と呼ぶようになったといわれている。

と比べると変化していることの表れなんじゃない？　父親がいつも海の上にいて、息子とはモールス信号で会話しているという設定は、父親とは宮さんのことで、家族とは離れていてもちゃんとコミュニケーションはとっていますよと言い訳をしているだけです。最後はお母さん同士の話し合いで決まるというのも、宮さんが口を出せないということを表現している。

妄想全開映画でも大ヒット！

――あと驚いたのは、突然「月が落ちてくる」と言い出すでしょ。あれは何なんだろうって。

押井　もちろん、単なる思いつきです。一応、トシちゃんもある時期まで、宮さんの暴走を抑えようとしていたと思うけど、『ハウル』の頃からすっかりあきらめた。そもそも、妄想全開映画にしても数字は落ちないんだから、トシちゃんも匙を投げるしかないんだよ。で、宮さんも「何をやってもいい」と思ってしまった。

実は世間は宮さんに、壮大なテーマとか、この世の中をどうしようなんてこと、求めてなかったということでもある。あるファンが「ジブリの映画を観ている間だけは自分が許せるんだ。とってもいい人間になったような気がするから。でも翌日から、またロリコンのアイテムを集めまくるのは判りきっている。自己嫌悪に陥ってしまうよ」というようなことを書いていて、これは面白いと思った。確かにその通りかもしれないって。

不思議なことに、ジブリの作品を観ている間は、自分がいい人間だと思えるんだよ。こんなすてきな映画に感動する自分はいい人だって。みんな感動したがるし、感動したいから映画館に行くわけでしょ？　特に若い観客というのは絶えず感動を求めているから。感動している間だけは生きていることに希望が持てるからですよ。ジブリの人気は、こういう人たちも支えていたんだよね。

で、僕の場合は、これっぽっちも感動したくないわけ。歳を取ると、むしろ感情に波風立てたくないからね。疲れるのがイヤなんだよ。若い人は逆だから。

――宮崎さんもみんなを感動させたいと思ってる？

押井　それこそが宮さんの本当の大テーマです。感動させるというか、生きる喜びみたいなものだよね。現実がクソなんだから、みんなに夢をもたせたい。「せめて映画のなかだけでも素晴らしいものを見せたい。それがオレの仕事だ」って。

ところが、ときどき暗黒面をちらつかせるわけだ。『ハウル』のカチャカチャとか『ナウシカ』の暴力、『トトロ』だって子供たちを喜ばせるためなら、最初からトトロを出せばいいのに、そうはしてないでしょ？ しかも、いろいろ言いたいことがあって、いざ映画を作り始めると〝作家〟になってしまう。それはおそらく、作家という存在にリスペクトもあるからだろうけど、実のところ、そういう作家の資質には全然向いていないんだよ。

でも、その一方で、綺麗なものを手品みたいに瞬間的に見せる、その才能はあふれかえっている。あの人の妄想は確かに人を揺り動かす力があるんだよ。だけど、1本の映画に構造を作り出すとか、世界観を作り出すとか、物語を作り出すとか、そういう才能はない。それは相反するものだから。フェティッシュが強すぎたり、妄想癖が激しすぎる人は、一貫性というものには向かないんです。

監督というのは、「あえてこれはやらない」ということが重要なんだよ。僕は監督って、基本的に引き算の存在だと思っているから。頭のなかはやりたいことでパンパンになっているけど、これとこれは捨てるという決断をしなければいけない。そこで初めて構造が生まれると言ってもいいくらい。構造の何がいいかと言うと、それによって確固とした普遍性を獲得できるから。これこそが、僕がいつも言っている、10年経っても20年経っても存在し続けられる映画の絶対条件。強固な構造をもつことですよ。

――宮崎さんの作品は、そういう構造はないのに普遍的な力はありますね。

押井　ディテールの魔術です。ジブリの映画が好きな人はもれなくそう。「あのシーンがよかった」「あのキャラクターがいい」で、ストーリーはほぼ、覚えてないはずですから。僕も妄想人間だから判るんだよ。妄想をいかに現実に着地させるか、そのために延々と努力してきたんだから。

――宮崎さんは妄想のまま着地させちゃってるわけですね。

押井　だから、最初はちゃんと着地させようと努力していたけど『千尋』のあたりからあきらめちゃった。ジブリの場合、スタジオを維持するためには絶対に失敗は許されないわけじゃない？　一度の失敗も許されないって荷が重過ぎるよ。だから、もうどうでもいいやという気分になったけれど、それでも大ヒットし続けたんだから、これはもう奇跡ですよ。そういう意味では本当に大したもの。もちろん、それができたのは、トシちゃんという相方がいたからなんだけどさ。

オトナ・ジブリ？いえ、オレ・ジブリです。
『風立ちぬ』

STORY
大正時代、少年・堀越二郎は、飛行機の設計者になる夢を抱いていた。時は経ち、軍需産業のエリート技師となった二郎は、飛行機設計の才能を開花させる。そんなある日、二郎は関東大震災の折に助けた少女・菜穂子と再会し、恋に落ちる。

キャスト：庵野秀明　瀧本美織　西島秀俊　西村まさ彦　スティーブン・アルパート　原作・脚本・監督：宮崎駿　プロデューサー：鈴木敏夫
公開日：2013年7月20日　上映時間：約126分　興行収入：120億円
キャッチコピー：生きねば。

宮さんが自分のリビドーに忠実に作った映画

――ジブリで最後の宮崎作品になるのが『風立ちぬ』です。何とこれも大ヒット。興行収入120億円って凄いですよ。

押井　その数字は、ジブリのブランド力以外、考えられないけどね。だって宮さん、子供たちのことなんて、何も考えずに作っているから。

――この原作は宮崎さん自身が『**モデルグラフィックス**』に連載していた漫画で、それは子供向けじゃないんですか？

『モデルグラフィックス』　84年創刊の月刊模型雑誌。宮崎は創刊当時から『宮崎駿の雑想ノート』を不定期連載。その一編である『飛行艇時代』が『紅の豚』としてアニメ化された。本作の原作『風立ちぬ』の連載は09年から10年まで。

押井　**堀越二郎**という実在の人物を扱っているから、子供向けの冒険ものではないよ。ただ、原作の主人公は『紅の豚』と同じくブタなんだよね。だから映画でもブタ、女の子だけが人間だと思っていたら主人公も人間だった。堀越二郎の関係者に確認をとる作業が必要となり、ブタというわけにもいかなかったんじゃないかな。

――堀越二郎というのはゼロ戦の設計者ですよね。

押井　でも、この映画の堀越二郎は僕の知っている堀越二郎とはまったく違います。ひとつ例をあげると、国家機密である戦闘機の設計中に、恋人が病気だからと言って仕事をほっぽり出して駆けつけるなんてことをやるはずがないし、できるはずもない。だからこの映画は、たとえ実在の人物を扱っていようが、宮さんのファンタジー。それを理解しなきゃ始まらない。

――確かに、主人公の夢のシーンもとても多かった。

押井　その夢と現実の境界線があやふやなところは、とても老人的だと思ったんだよ。老人になると夢と現実の区別がつかなくなってくるし、もっと言えば区別をつける必要もなくなるから。黒澤明なんて、そのものズバリの『**夢**』を撮ってる

堀越二郎（ほりこしじろう）
工学博士。03年群馬県生まれ。三菱内燃機製造（現・三菱重工業）に入社して航空機の設計と開発に務める。ゼロ戦の設計に尽力した。アニメでは恋愛結婚した妻を結核で亡くすが、実際はお見合い結婚し6人の子供をもうけたという。82年逝去。

『夢』
90年の日米合作映画。黒澤が自分の夢をもとに8話のエピソードで綴ったオムニバス映画。第5話『鴉』にはマーティン・スコセッシがゴッホ役で出演している。日本で資金を集められなかった黒澤がスピルバーグに脚本を

じゃない？　僕は若いときから夢の話ばかりだったけどさ。

まあ、老人はそういうもので、どんどん外界に対する興味が薄れ、何をはばかることもなくなって、自分のリビドーに忠実になる。宮さんが、そういう立ち位置で作ったのがこの映画。だから今回は、老人になった宮さんがむき出しになっている。青春の衣をまとっているだけで、宮さんもついにパンツを下ろしたなって。これは大いに意味があることだよ。見せているのはまだ、オシリだけだけどさ（笑）。

——ということは、言い方を換えると、もう開き直っちゃった？

押井　うん、開き直りまくっている。まず子供のために作ってない。オトナの観客のためですらない。じゃあ誰のためって、自分のためですよ。自分のためだけに作っている。だから、オトナ・ジブリじゃなくてオレ・ジブリが正しい。多くの人がジブリ、宮崎駿作品というので子供と一緒に観にいったと思うけど、新婚初夜のシーンなんてどうしたんだろうと思うよね。キスだってしまくっているし。親は困ったんじゃない、きっと。

——その辺のオトナな描写は意外と大胆でしたね。


送り、彼の尽力によってワーナー・ブラザースが製作することになったといわれている。

押井　宮さんの好きなオトナの女性は薄幸な深窓の令嬢タイプ。つまりこのヒロインの菜穂子だよ。言うまでもなく、少女の場合は利発でハキハキしたタイプが好みですから。

菜穂子は結核を患っているという設定で、おそらくこれも宮さんの趣味。『トトロ』のお母さんも療養所にいたでしょ？　この映画で軽井沢のシーンに出てくるドイツ人の男は**トーマス・マン**の『**魔の山**』の主人公で、その宮さんの愛読書の舞台もサナトリウム。ここでもまた、宮さんの結核フェチが炸裂しています。

――結核フェチか……そんなフェチ・ジャンルはないと思ってましたけどね。

押井　そこに漂う薄幸なイメージ、ひ弱なイメージが宮さん的にはいいんだよ、きっと。菜穂子は最後に死んじゃってる感じでしょ？　だからこそ成立したストーリーで、そのまま生きて子供をふたりも産んだら宮さんのファンタジーにはならないから。でも、臆面もなく趣味を出したことで、この作品には久しぶりに官能を感じた。

――官能？　感じませんでしたけど。

押井　ちゃんと見てる？　匂い立つばかりだよ。しかもその官能が飛行機じゃな

トーマス・マン
小説家。1875年ドイツ生まれ。代表作に『ヴェニスに死す』『トーニオ・クレーガー』『魔の山』。29年にノーベル文学賞を受賞した。55年逝去。

『魔の山』
24年に出版されたトーマス・マンの小説。第一次大戦前、アルプス山脈のサナトリウムで療養する主人公が、その7年間のうちにさまざまなことを学び成長するさまを描く。マンの妻カタリーナは肺を病んでサナトリウムで療養していたという。

く女性に向けられているのがポイントで、僕もそれには驚いたけどね。筋金入りのヒコーキ少年も最後には女性を選ぶのかって。これまでの宮さんの官能は（『ナウシカ』の）王蟲とか（『ラピュタ』の）ロボット兵だとか、ナウシカが重機関銃をぶっ放す姿だとかに対してだったのに。飛行機に対するフェティッシュが少ないのは、それが女性に向けられているからだよ。麻紀さんは飛行機に向けられているほうがよかったんだよね？

傍系に愛を注ぐ。それが宮崎流

——そうなんです。とはいえ、**ユンカース**の描写にフェチは感じましたよ。ゼロ戦はあっさりしてて驚きでしたけど。

押井　僕も驚いた。確かにゼロ戦は思いっきり淡泊だった。でも、宮さんはゼロ戦よりユンカースのほうが好きだから、その描写に力が入っているのは当然ではある。ドイツ機なら普通、**メッサーシュミット**なのにユンカースなのは、宮さんが大好きだから。もちろん、堀越二郎が実際にドイツに行って見ているという事実もあるだろうけど、やっぱり宮さんの場合、好きであることが重要。ユンカー

ユンカース
　ドイツの航空機。劇中、堀越二郎が視察に行くが、そこに登場するのはユンカースF.13という世界初の全金属製旅客機と巨大旅客機のユンカースG.38。

メッサーシュミット
　ドイツの航空機、車メーカー。第二次大戦におけるドイツ空軍の主力戦闘機。

スはドイツ空軍の主力にならなかった飛行機で、宮さんはそういう人物、そういう飛行機に愛着があるんだよ。

二郎の夢のシーンに何度も登場する**カプローニ**もそう。相変わらず構成がないので、彼が登場しないと映画として成立しないということもあるけれど、カプローニも宮さんが大好きな人だよね。イタリアの貴族で、飛行機作りのパトロン的存在だったものの、彼が資金を出した飛行機の多くは実用向きじゃなかった。イタリアに名機なんてないですから。戦車なんて最低の代名詞みたいなもんだからね（笑）。いいのはデザインだけ。

――宮崎さんのデザインするメカ類はかっこいいけど、実用性はなさそうですもんね。

押井　というか、そもそも実用性に興味がない。飛行機だってレシプロ機以外は興味ないって言ったけど、戦艦も**ドレッドノート**以降は興味ナシだから。戦車も**タイガー**ぐらいで、それ以降の近代戦車には興味ないんじゃない？

――ご本人が乗ってらっしゃった車も２ＣＶでしたよね？

押井　そう、けったいな車ばかり。シトロエンの２ＣＶのあとには奇妙な三輪車、

カプローニ
ジョバンニ・バッチスタ・カプローニのこと。1886年イタリア生まれの航空技術者・航空機設計者。二郎の夢に出てくるのはカプローニCa．36という多発大型爆撃機と、それよりデカいカプローニCa．90、それよりもっとデカいカプローニCa．60。

ドレッドノート
第一次大戦時の英国海軍の戦艦。

タイガー（ティーガー）
第二次大戦時のドイツ軍戦車。

トライキング・スリーホイラーに乗ってたからね。後輪が一輪しかないので横転しやすいし、実用性からはかけはなれている。手のかかる車ほどかわいいんだよ。僕なんて、２ＣＶで北海道まで行きましたからね。ホント、もう二度と乗りたくない。

――で、話が脱線しちゃいましたが、その宮崎さんのマイナー趣味です。

押井　マイナーというんじゃなく、宮さんは傍系が好きなんだよ。宮さん自身、自分が傍系という自負があるんじゃないかな。

――傍系どころかバリバリの主流ですけど。

押井　だから、これまでも何度も言っているように、そういうたくさんの矛盾を抱えているのが宮さんなの。

それに、この映画ではその矛盾がひとつのテーマになっている。飛行機を作るのが夢なのに、それは戦争の道具であるという矛盾。仕事に本腰を入れたい、だから結婚するという矛盾。飛行機の設計中は信じられないくらいに忙しいはずで、家に帰る時間さえないくらい。にもかかわらず結婚する矛盾。

堀越二郎が抱えるそんな矛盾は、そのまま宮さんに当てはまる。宮さん自身、

トライキング・スリーホイラー　英国製の三輪のオープンスポーツカー。宮崎監督はこれを94年に入手したという。

矛盾のカタマリ。もう何度も言っているけど（笑）。その傍系好きもそうだし、良識人っぽくふるまっていても、ドイツ軍の兵器が大好きで女性も大好き。あとは職人も大好きだよね。ある時点から、本人もエプロンをつけて登場するようになったじゃない？　あれは職人のつもりらしく、自分でかなり気に入ってたみたいだよ。でも、僕から見たら（『悪魔のいけにえ』の）**レザーフェイス**だからね（笑）。

ということはさておき、ここではそうやって自分をさらけ出してるんだよ。

ナチュラル・ボーン・アニメーター

――レザーフェイスですか……。あとウケたのは二郎の新婚生活。結核の新妻が床に伏せっている側で煙草を吸いまくり、夜中に電気をつけて仕事をする。自己チュー度マックスですよね。

押井　それでも文句を言わない女性、手をつないでいるだけで幸せを感じてくれる女性。つまり宮さんの憧れであり理想なんだって。二郎が吸っている煙草だって「ＣＨＥＲＲＹ」だよ。宮さんの好きだった銘柄だからね。もう何年も会ってないけど、いまだってスパスパなんじゃない？　そういうふうに、煙草についてだ

レザーフェイス
トビー・フーパー監督の傑作スプラッタホラー『悪魔のいけにえ』(74)に登場する殺人鬼の通称。人の顔を剥いで作ったマスクをかぶっているためこの名前で呼ばれている。エプロンは人間を殺すときに着用する。

けでも、この二郎が宮さんだってことが判る。

――彼女が死んだあと、夢のなかのカプローニとお酒飲もうって。

押井　それは、宮さんが老人だから。老人ならそれしかない。愛も失った、心血を注いだ飛行機も一機も生還しなかった。彼は、人生でなにか成し遂げるなどということはないだろうと判ってしまい、だからこそ酒を飲むわけだ。僕は正直でいいと思ったよ。

――キーワードは〝リビドー〟と〝老人〟ですね。ところで、二郎の声を当てた庵野秀明さんはどうでした？

押井　いいわけないじゃん。宮さんは少なくとも、自分がどんな映画を作ったかは知っていて、トシちゃんには宣伝しなくていい、必要ないと言っていた。だから最近つるんでいる庵野を入れた。これが僕の推理。当たってると思うよ。

　でも、この作品は庵野の『エヴァンゲリオン』の延長線上にあると思う。なぜなら、いつものジブリの王道から一歩踏み出している。あるひとつの価値観のなかに踏み出しているから。そういう意味では、最近のジブリ映画のなかでは抜きん出てるよ。この作品は誰にも真似できない。70歳まで生きた人間にしか作れない作品になっているし、老アニメーターの迫力は伝わってきた。

——その「老アニメーターの迫力」というのは？

押井　久しぶりにちゃんと作画しているアニメーションを観たという感じがしたからね。宮さん個人の生理と願望がはた迷惑になっていないのは、宮さんがアニメーターとして天才だからなの。それはもう彼の本能みたいなもので、とことん狡猾にやっちゃうわけだ。つまり、やっぱり宮さんはナチュラル・ボーン・アニメーターであるということ。凄い人物であることは認めざるを得ないんです。

また、長編アニメーションを作るとか言っているようだけど、出来上がれば無視は出来ないんじゃない？

——やっぱり押井さん、宮崎さんのことお好きなんですねー。

押井　それは違うって。僕のテーマのひとつは、宮さんより長生きすることです。絶対生きて、葬式出るぞってね（笑）。

第二章

リアリズムの鬼

高畑勲

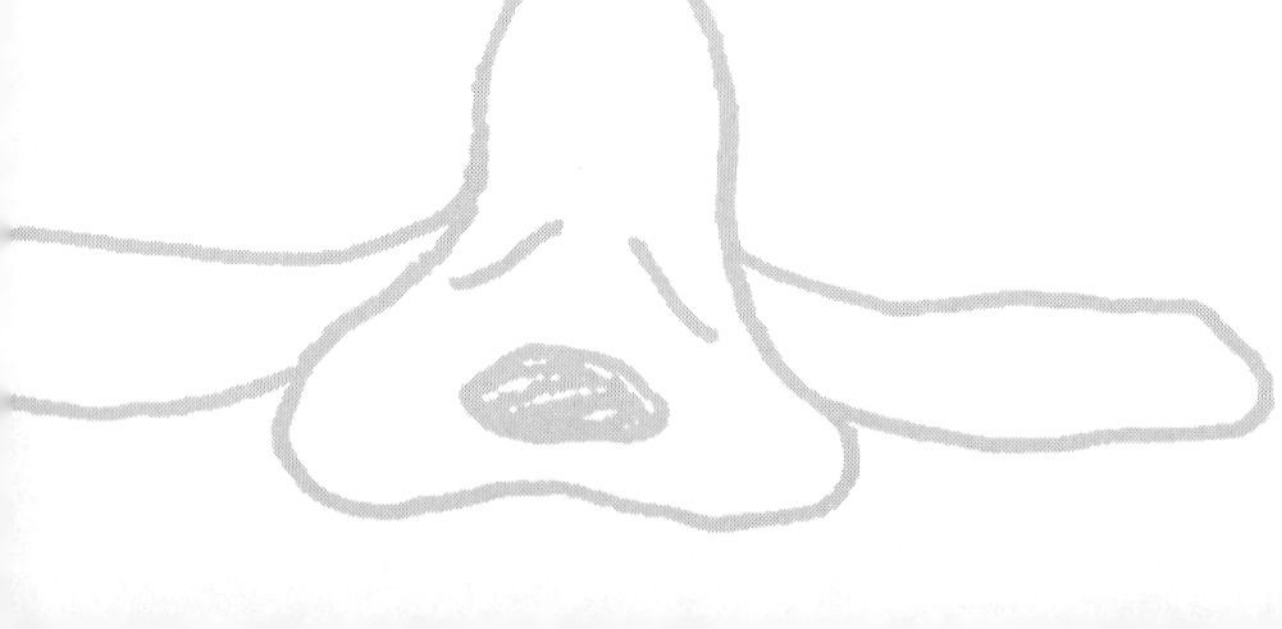

死とエロス 『火垂るの墓』

文学の世界、アニメの世界

――高畑勲監督の作品、『火垂るの墓』。高畑さんのジブリでの初監督作です。原作は**野坂昭如**の短編ですね。

押井　麻紀さんは全然泣けなかったって言ってたよね？　僕も同じなんだけど、僕の周囲のアニメーターたちは、みんな目を真っ赤にして泣きはらしていた。

――私の場合はかなりあとで観たのですが、清太というにいちゃんに腹が立って。あんたが辛抱ないから節子が死んだんだって、泣くどころか怒りまくり。公開当

野坂昭如（のさか　あきゆき）
政治家、歌手等の顔をもつ作家。30年鎌倉市生まれ。『エロ事師たち』で作家デビューを飾り、『火垂るの墓』『アメリカひじき』で直木賞を受賞。その他の代表作に『戦争童話集』『東京小説』等。『火垂る

STORY
神戸大空襲で母を失った14歳の少年・清太と4歳の妹・節子。兄妹は叔母の家に身を寄せるがうまくいかず、防空壕でふたりだけの生活を始める。必死に生き抜こうとする兄妹だが、食料が得られず節子は栄養失調で死んでしまう。

キャスト：辰巳努　白石綾乃　原作：野坂昭如　脚本・監督：高畑勲
公開日：1988年4月16日　上映時間：約88分　興行収入：11.7億円
キャッチコピー：4歳と14歳で、生きようと思った。

初、みんなが「催涙弾映画」と言っていたのが信じられないくらいだった。

押井　麻紀さん、そこだけは正しい（笑）。兄が自分のプライドのために唯一の拠り所だった親戚の家を出て、結果的に妹を餓死させたという映画だよね。

――中盤くらいのところで、農家のおじさんににいちゃんが食料が欲しいと頼むと「もう家に帰れば？」と言われる。にもかかわらずガンとして帰らない。あの強情っぷりには驚きますよね。

押井　原作は文学だから、それでいいんですよ。文学の世界では、どんなに残酷であっても、エゴイストであってもいい。それは芸術なんだから何の問題もないんです。でもさ、これは映画だから。映画で、しかもアニメーション、宮さん言うところの「子供に観せようと思って始めた2本立て」なんだよ。ところが、結果的にそうはなっていない。あんなもの、親が子供に観せたいと思う？　僕も人の親だから言うけど、絶対に観せたくなかったから。だって残酷すぎるでしょ。あんな作品を幼いときに観たら、人間不信になってしまうよ。

――駅に転がっている死体が喋るというオープニングですからね。小さい子供だとトラウマになっちゃいそうです。


の墓』は戦時中の自分の経験に基づいて書かれている。15年逝去。

押井　文字だと何てことない表現が、画として起こすととんでもないものになってしまいがちなのがアニメーションという形式なの。これを判っていらっしゃらない方が多すぎますね。いい例をあげると、ＯＶＡの**『デビルマン』**。スタジオジブリがヒマな時期に、錚々《そうそう》たるアニメーターが作画を手伝ったんだよね。で、美樹というヒロインが、お風呂に入っているとデーモンに襲われるというシーンがあった。**永井豪**らしいエロチックなシーンで、そこをジブリのベテランアニメーターが担当したんだけど、どういうシーンになったと思う？　メチャクチャ丁寧な、よくできた作画だったものの、その技術で動かされた美樹は、驚くほどエロかった。本当にヤバいくらいにエロだったんだよ。おそらく、それは演出の計算外。プロデューサーや演出は、「上手いアニメーターだったらきっといいシーンになるだろう」という考えだったんだろうけど、それが大きな間違い。上手ければ上手いほど、演出家の思惑を超えてしまう。

　実写は役者が演じることによって、最初から抽象度の階梯が決まっているけど、アニメーションの場合は絵柄と作画でガラっと変わってしまう。だから、アニメーションのほうが遥かに演出的には難しい。あらかじめスタッフに、これく

『デビルマン』
『デビルマン　誕生編／妖鳥死麗濡編』（87～90）。デビルマン誕生までを描く「誕生編」と、妖鳥シレーヌ&魔獣ジンメンのバトルを描いた「妖鳥死麗濡編」から成るＯＶＡ。

永井豪（ながい ごう）
漫画家。45年石川県生まれ。『ハレンチ学園』が大ヒットして人気漫画家に。代表作に『デビルマン』『キューティーハニー』『ゲッターロボ』『マジンガーZ』等。

らいの抽象度で、こういう表現で、と言っておかないと、とんでもないものが立ち上がる瞬間がある。

『火垂る』に話を戻すと、妹が餓死し荼毘《だび》に付すため、兄が隣の町に炭を買いにいくシーン、僕はそこでゾッとした。アニメーションで表現するとこうなるんだということを痛感したんだよ。もしこれが実写で、子役が演じていたら、そこまでの感想はもたなかったかと思う。

——それに妹の**せっちゃんの声**がかわいいですからね。あれでほとんどの人が彼女に感情移入し、泣いちゃったんでしょ？

押井　それもアニメーションだから。もし、普通の子役がやっていたら、あそこまでかわいくはなっていない。あの絵柄、たどたどしい声、それも関西弁で喋るから、みんなやられてしまった。彼女が「死んだ」という事実と、その悲しさに目が釘付けになり、「誰が殺したのか」というところまで考えが及ばないんだよ。

——なるほど、そういうことなんだ。

押井　高畑さんはこの兄に、いまどきの忍耐力のない子供たちを投影してみた、なんて言っているようだけど、それが本心とはまったく思えない。僕はアリバイ

せっちゃんの声
節子の声を担当したのは関西出身の当時5歳、白石綾乃。本作が初の声優業だったため、アフレコではなくプレスコで声を収録。そのかわいくリアルな声に日本中が涙した。

にすぎないと考えているから。なぜなら、『火垂る』は100パーセント作家の映画。高畑さんは、自分のやりたいことしかやってない。それをまっとうするため、公開日に間に合わなくても、そのまま未完成の作品を上映した。つまり、そこまで自分の表現に執着していたんだよ。これはもう執念以外の何物でもない。それを「子供に観せたかったから」だなんてウソに決まってるじゃない。

高畑さんの最高峰

――高畑さんは何を描きたかったんですか。

押井　死とエロス。死生観ですよ。あれは高畑勲の死生観。監督が一度は自分の作品のなかで追求するテーマだよ。どんなアリバイ、どんなウソを並べても、間違いなく高畑勲という映画監督の作家主義100パーセントの作品に違いないんだから。

――確かに、表現のひとつひとつが濃密だった。画の迫力がとんでもなくて驚きました。

押井　監督の強い意志があるからこそ、そういう表現ができた。アニメーターたちを追い込めるんだよ。

僕が『火垂る』でもっとも印象的だったのは、兄妹で電車に乗るシーン。あれは明らかに三途の川に向かって走っているという表現だよね。『千と千尋』のなかでも宮さんがやっていたけど、あれは『火垂る』のこの市電のリフレイン。

――その電車のなかで、せっちゃんがサクマ式ドロップスの缶をカラカラいわせてた……何か怖いと思ったんですけど。

押井 あれは骨壺。『火垂る』はその種の暗喩に満ちていて、怖いどころか気持ち悪いくらい。

で、〝生〟のほうだけど、これは微妙に〝性〟になっている。だから〝死とエロス〟になるわけで、そのエロスは何かと言えば近親相姦になる。あの兄妹の関係は明らかに近親相姦でしょう。見る人が見たら、相当に気持ち悪い映画だよ。

――画に力があるだけに、生理的な何かを感じましたが、それが近親相姦とは。

押井 ディテールの迫力があるから。通り一遍に描いていたら、そういう生理は絶対に生まれない。高畑さんの演出家としての緻密な計算があり、表現に執念が宿っているからこそですよ。あの世の匂いがプンプンするし、近親相姦の匂いもプンプンする。

――でも、これを『トトロ』と2本立てって、まさに天国と地獄じゃないですか。

押井　そこにはまた鈴木敏夫の悪意が入っているとと思ってしまうんだよね。2本はまったく異質の作品で、宮さんらしさのある世界と、高畑さんの本質がむき出しになった世界。それを2本並べて観せたかった。そこに悪意を感じるわけ。

――押井さんはどっちに軍配を上げます？

押井　間違いなく『火垂る』。『トトロ』はやっぱり短編向きだから長尺に感じてしまうし、宮さんにしてはパワーが足りないから。それに比べると『火垂る』は凄いわけじゃない？　高畑さんは冷徹な人で、実はリミッターがない人。子供が観るからとか、そういうことはお構いナシでとことんやる。しかも演出家としては超一流なんだよ。彼の影響を受けなかった人なんてアニメ業界にいないんだから。僕だって受けてますよ。そんな高畑さんが思う存分やった。公開日を無視してまでやったんだから、途方もない凄みが『火垂る』に宿るのは当然なの。僕も「ここまでやれるんだ」というか「ここまでやるんだ」と思ったからね。好きか嫌いかはさておき、高畑さんの最高峰には間違いないよ。

ターニングポイントの3本目

――それは判ります。

押井　『トトロ』と『火垂る』の2本立ては、ジブリを語る上では非常に重要な作品で、この頃からジブリは建前と本音が分裂し始めた。ジブリに限らず、個人のフィルモグラフィーにおいても、3本目はターニングポイントになりやすい。この辺から宮さんや高畑さんが文化人になりはじめちゃったんだよね。

――文化人ですか？

押井　言わば作家主義ですよ。スタジオジブリは宮崎駿と高畑勲という作家の作品を発表するスタジオになっちゃったわけ。それは、ジブリを始めたときの大義名分、〝娯楽漫画映画を作る〟とは明らかに違うでしょ。

――そうですね。

押井　もっと言えば、そこから先はプロデューサーの世界になる。つまり、作家の作った作品を売るべく、タイトルやキャッチフレーズを考える。要するにプロデューサーが〝名分〟を用意してくれるんだよ。

――そう聞くと、鈴木さんにぴったりの仕事ですね。

押井　だから、この2本立てから彼ら3人の力関係というか、ストレートに言っちゃえば、3人の闘いが始まったわけだ。それまでは高畑さんが宮さん作品のプロデューサーで、鈴木敏夫は黒子のような、もうひとりのプロデューサーだったけど、これを契機にトシちゃんが前面に出るようになったからね。

――3作目でつまずくって、押井さんの場合は『天使のたまご』ですが。確かに説得力あるかも……。

押井　判ってるって（笑）。だから経験者として言ってるんじゃない。僕も『天たま』のときはソノ気になっちゃった。アートに行って、アニメーションの表現力を最大限まで試して、その表現で作品を支えようとしてしまった。だから、ストーリーもセリフもナシでいいと考えてしまったわけ。

――押井守監督は**タルコフスキー**したかったんですね！

押井　そうそうそう（笑）。『**ストーカー**』してみたかった。でも、それが大間違いで、おかげで3年間、干されちゃったから。それがやっぱり効いたんだよね。僕の場合はフリーランスだったから、守ってくれるスタジオもなければプロデューサー

タルコフスキー
　アンドレイ・タルコフスキーのこと。映画監督。32年ロシア生まれ。代表作に『僕の村は戦場だった』(62)、『惑星ソラリス』(72)、『ノスタルジア』(83)等。たゆたうように流れる時間と、美しい自然描写が特徴。86年逝去。

『ストーカー』
　79年のタルコフスキー監督作。ストルガツキー兄弟のSF小説『路傍のピクニック』の映画化。立ち入り禁止の場所〝ゾーン〟へと希望者を案内する〝ストーカー〟。とある〝部屋〟は願いが叶うといわれているが…。全編〝水〟が効果的に使われている。

もいなかった。だから**石川**に流れ着くまではアニメーションを作る根拠をもてなかったどころか、食うことさえままならなかった。とはいえ、その3年間のおかげで「アート」への道を断つことができたし、文化人にも作家主義にもならなかった。自力でちゃんと帰って来ることができましたから。じゃあ、ジブリのふたりはどうかと言うと、スタジオと鈴木敏夫という、守ってくれる存在があったんだよ。だから、その勘違いを抱えたまま、どんどん知性と教養だけで映画を作るようになった。とりわけその傾向が激しいのが高畑さん。『火垂る』は、高畑さんが作家主義を爆発させた映画なんだよ。

――じゃあ、押井さんは作家じゃないつもりなんですね？　私たちから見ると作家性の強い監督というイメージなんですけど。

押井　勘違いです。

――もしかして自分はエンタテイナーだと思ってる？

押井　もちろん。娯楽映画を作るという意味じゃなく、商業主義のエンタテイナーという意味だよ。デヴィッド・リンチは僕に言わせれば商業主義の監督で、**ヴィム・ヴェンダース**は作家主義です。

石川
石川光久（いしかわみつひさ）のこと。（株）プロダクション・アイジーの代表取締役社長、プロデューサー。58年東京生まれ。押井のアニメ作品は『パト1』から『スカイ・クロラ』まですべての製作を担当。実写映画『ガルム・ウォーズ』でも製作に名を連ねている。

ヴィム・ヴェンダース
映画監督。45年デュッセルドルフ生まれ。『都会のアリス』（74）で注目される。代表作に『ハメット』（82）、『パリ、テキサス』（84）、『ベルリン・天使の詩』（87）、『ミリオンダラー・ホテル』（00）等。

――はあ……。

押井　要するに、伝統的な文化の価値観を信じるかどうかなんだよ。リンチはただやりたいことをやっているだけだし、自分の本質に忠実な映画作りをしている。一方、ヴェンダースは文化に目覚めてしまった。彼の意識は作家であり文化人だと思うよ。もともと作家という捉え方が近代以降のもので、昔は職人しかいなかったんだから。誰が作ったなんてことはどうでもよかった。ある作品には必ず一個の人格があるというのは近代以降の考え方ですよ。

簡単に言ってしまえば、テーマはともかく、ひとりの人間が世の中に対して自己主張する、思想の表明をするということだよ。

――それだと、確かに押井さんはそういう自己主張はしてないですね。

押井　はい、やってません。

描きたかったのは農本主義!?
『おもひでぽろぽろ』

STORY
東京での生活に物足りなさを感じている27歳のOLタエ子。10日間の休暇をとって、山形の親戚の家で紅花摘みの体験をする計画を立てる。ふとしたきっかけで頭から離れなくなった10歳のワタシの記憶と共に、夜行列車に乗るのだった。

キャスト:今井美樹　柳葉敏郎　原作:岡本螢　刀根夕子　脚本・監督:高畑勲　プロデューサー:鈴木敏夫　公開日:1991年7月20日　上映時間:約119分　興行収入:31.8億円　キャッチコピー:私はワタシと旅にでる。

妄想する〝クソインテリ〟

——高畑勲監督の『おもひでぽろぽろ』です。『火垂るの墓』の次に作った作品ですね。これにも一応、同名の原作漫画がある。

押井　麻紀さんどうだった?

——私に聞くんですか?　どうって……ダメですよ。私は田舎出身者なので、田舎の嫌なところもたくさん知っている。この作品は田舎を賛美しすぎじゃないかと思いました。一部の都会の人がもっている〝田舎神話〟みたいなものがモロに出ているというか、そんな感じ。

押井　ふむふむ。じゃあ、ヒロインの女性は？

――タエ子ちゃんの子供時代はよかった。昭和の風景も懐かしいし、彼女がとても感受性豊かで、共感する部分も多い。でも、そんな少女がなぜ大人になったら田舎を愛するような女性になったのか、その部分が描かれていないのが気になりますよね。同じ人物とは思えないくらい子供時代と現在が分断されていて、子供時代がいいのはきっと、ここだけ原作があるからだろうって。

押井　そう、あのかわいかった少女が、成人して味気ない人生を送る女性になった、その理由があるはずの中間地点が描かれていないから説得力がないんだよ。それはなぜだと思う？

――テーマが田舎信仰で、作り手が少女の成長には興味なかったから？

押井　正解。

――（笑）なんで私が押井さんの試験を受けなきゃいけないんですか！

押井　それがたぶん、読者には一番判りやすいから。敢えて言っているの。『ぽろぽろ』は結論ありきの映画なんですよ。結論から出発した映画と言ってもいい。だから、インテリが作った映画。うちの師匠が激怒してたからさ。「クソインテリめ！」って。

――確かにインテリの匂いは立ち込めていますね。ヒロインがときめく農家の青年は、都会の仕事をやめて農村に戻ってきた男で、聴いている曲が**ハンガリーの「百姓」の音楽**。しかも、「オレ、この車が好きで」みたいなこだわりを覗かせる。その彼に何度も何度も「オレ、百姓だから」と言わせているのも驚きでした。

押井　要するに日本型**マルキスト**の典型であり、**農本主義**がむき出しになった映画。文字通りむき出しで、ドラマさえすっ飛ばしちゃった。映画として、本当は一番描かなくてはいけない部分――少女の成長を見事にスルーして、農村の素晴らしさを謳うことに終始してしまった。じゃあ、その素晴らしい農村の根拠はどこにあるのか？　高畑勲というインテリの頭のなかに宿った妄想のなかにしか存在しない。昔から、そういうインテリの妄想は歴史があるんだけどね。

――たとえば、どんな人なの？

押井　みんながよく知っている人物で言えば**宮沢賢治**。そして、満州事変を起こした陸軍参謀の**石原莞爾**。僕に言わせればふたりは同類。思想的には同じなのに、

ハンガリーの「百姓」の音楽
「百姓の音楽、好きなんです。オレ、百姓だから」と短いワンフレーズのなかに二度も「百姓」という単語を使い、百姓への熱い想いをアピールするトシオ。その愛車のカーステレオから流れる曲は「ハンガリーのムジカーシュという5人組」と彼が説明する民族音楽グループによる「Teremtes」。

マルキスト
マルクス主義を信奉する人のこと。マルキシストとも言う。

農本主義
農業や農村社会こそが国の基本であるという考え方。

賢治は絶賛されて、なぜか石原莞爾は嫌われる。日本を戦争に導いた極悪人のように扱われる。この差は何なんだって思うよね。

それはさておき、日本のインテリの多くは農村信仰が強い。なぜかと言えば、彼らは日本のマルキストで、本来のマルキストは工場労働者、プロレタリアートに基盤を求めたんだけど、日本の場合、それに該当する階級が近代工業の立ち遅れによって形成されてなかったので、農村に根拠を求めたんだよ。だから農村信仰になる。『ぽろぽろ』もそういう高畑さんの思想に基づいて作られているから「農村は素晴らしいところ。人間が人間らしく生きる根拠はそこにしかない」という部分がむき出しになっている。

――公開時のパンフレットに高畑さんは、「自己確立のために自己を対象化できる最も基本的な試金石は、人間の営みの根本をいまなお伝える田舎にあると確信する」なんて書いてますね。

押井　それはもうプロパガンダ。インテリが好きそうな脅迫だよ。

――ちなみに鈴木さんは「高畑勲と宮崎駿のふたりは、いつの時代も流行に背を向ける。そこに生きるヒントがある」と言ってますね。

宮沢賢治（みやざわけんじ）
作家・詩人。1896年岩手県生まれ。24年『春と修羅』でデビュー。代表作に『風の又三郎』『銀河鉄道の夜』『注文の多い料理店』等。出身校は現在の岩手大学農学部で、花巻農学校（現在の県立花巻農業高校）で教鞭をとる。故郷の岩手を理想郷を意味する「イーハトーブ」と名付けたことでも知られている。33年逝去。

石原莞爾（いしはらかんじ）
陸軍軍人。1889年山形県生まれ。31年に満州事変を起こし満州国を建国。その後、二・二六事件を鎮圧した。東条英機との確執により左遷される。49

押井　ただの反動です。確かに時代に背を向けているけど、それは反動思想として。高畑さんを語るときに使わなきゃいけない言葉は「クソインテリ」です。でも、日本のインテリはみんな同じパターン。自分が生きて来た自己史のようなものをもたないし、そこに立脚してものを考えようとも全然思わない。それこそが高畑さんで、だから「クソインテリ」なの。『火垂る』から知性と教養だけで映画を作るようになって、次の本作では結論から遡って映画を作っている。そうなると、もはや映画監督とは言えない。プロパガンダを発する文化人ですよ。

テーマとやりたかった実験

——プロパガンダの割には、本作を観て「紅花作ろう」「田舎に嫁ごう」なんて思う女性はいないと思いますよ。

押井　だから空回りしているの。何度も言っちゃうけど、映画を観ている間だけその気にさせれば勝ち、理想を言えば、そういうふうに影響を受けて欲しいけど、と思うくらいで、自分にそこまでの力があるとは考えていない。ただ、自分の方向性としては正しいことを言っていると思っている。

年逝去。

でもさ、僕に言わせれば、そう思った時点で監督としてはアウトなんだよ。僕は、自分が作っている作品は結局、根も葉もない妄想なんだ、そう思ってずっとやってきたから。だけど、あるひと握りの人たちにとっては、僕のその作品が必要なんだって。それくらいはお役に立っているという……僕はＴＶの『うる星』をやっているとき、悲鳴のようなお手紙をたくさん貰ったから。

――ファンの方に？

押井　地方在住の中学生や高校生が「水曜日の7時半からの30分間だけが、僕の生きている時間です。あとは死んだように生きてますから」みたいな感じ。師匠にも「彼らの憧れのキャラクターを作るのがお前の仕事だ。それ以外のことをやりたいなら、帰って日記に書いとけ」って。まあ、「それ以外のこと」もさんざんやっちゃったんだけどさ（笑）。

で、それがアニメーション監督の使命のひとつでもあるわけなのに、高畑さんは『火垂る』あたりから、そういう意識はなくなってしまった。それでも作品を作ることができたのはアニメーションだったから。高畑さんとアニメーションの出会いは、千載一遇の好機だったんだよ――本人はどう考えているか知らないけど。

『うる星』
『うる星やつら』のこと。高橋留美子の同名漫画のＴＶアニメシリーズ化。81年から86年までオンエアされた。アニメ制作はスタジオぴえろから後半、ディーンへ。押井はぴえろ時代に本作のチーフディレクターを担当した。

――実写だったら、クサくて観られない？

押井　たぶん。**山本薩夫**の出来損ないみたいな監督になってたんじゃない？

――それにしても、なぜ紅花なんでしょう？　日本の場合、稲作農家のほうがいいと思うんですけど。

押井　女の子が何となく行きやすいから。

――えー、そんな理由？

押井　だって、そうでしょ。もしあれが稲作農家だったら、東京の女性が嫁ぎたいと思う？　最後に引き返したと思う？　紅花のほうが女性たちが共感しやすいじゃない。それしか考えられないよ。

もうひとつあげるなら、おそらく高畑さんが紅花に興味があり、随分勉強してたんじゃないかな。自分が勉強したことはもれなく作品につぎ込む人だから。

――でも、原作のある子供時代はいいですよね。私は同世代なので楽しかった。

押井　懐かしの昭和をやっているからだよ。お父さんが会社の帰りにパイナップルを買って来て、菜切り包丁で切り分けて食べてみると、「意外と美味しくない」。その時代に生きた人だったら、みんな思い当たる節がある。パイナップルが美味

山本薩夫（やまもと さつお）
　映画監督。10年鹿児島県生まれ。37年『お嬢さん』で監督デビュー。代表作に『真空地帯』（52）、『白い巨塔』（66）、『戦争と人間　三部作』（70～73）、『華麗なる一族』（74）、『不毛地帯』（76）等。反体制的なテーマを扱う社会派監督でありつつ、娯楽性の高い大作も数多くこなした。83年逝去。

しくなかったのは、熟れてないのに食べたからだけど、そういう小さなエピソードを含め、当時の家庭を丁寧に描いている。

――でも、お金持ちの家ですよね。千疋屋でパイナップルを買ったり、エナメルのハンドバッグを持っておめかしして中華料理を食べに行く。そもそも子供時代のタエ子ちゃんの着ているお洋服のかわいいこと！　高畑さん、センスいいわー。

押井　当時の一般家庭で、そんなことあるわけないじゃない。庶民を装ってるけど、一から十までウソですよ。映画を観ている間だけ、そのウソに気づかないようにできているだけ。みんなの願望を画にしているから、知らないうちに説得されているんだよ。人間というのは、望んでいるものが形にされれば、誰でも説得されちゃうんだって。

――そういう押井さんだって、TVのブラウン管から流れる『**ひょっこりひょうたん島**』は嬉しくなかったですか？　あの見事な再現は公開当時も話題になってましたよね。

押井　昭和という時代の再現にひと役買っているのは事実。では、なぜ、そういうふうに手間隙かけて昭和の時代を再現したのか？　「昔はこんなによかったの

『**ひょっこりひょうたん島**』
64年から69年までNHK総合でオンエアされた人形劇。原作は井上ひさしと山元護久（やまもと　もりひさ）。子供たちが遠足で訪れたひょうたん島が火山噴火によって陸地と離れ漂流し始める。しかもそこに上空からギャングたちが落下してきた！　大変人気の高かった人形劇シリーズ。劇中にも流れている主題歌を歌っているのはこれがデビューになる前川陽子。

に、なぜいまのような時代になってしまったんだろう」というステップですよ。昔は感受性が豊かでいい子だったというヒロインのアリバイになっているだけ。しかし、いまは何の目的意識もなく、何となく都会で流されて生きている。疲れました……というところはたぶん、トシちゃんが狙った部分。同じように疲れているおねえさんたちを観客のターゲットにして、劇場に呼ぼうとしたわけだよ。

――女性誌の特集になりやすいと思ったのかな。紅花というのをキャッチーだと考えたかもしれないし。あと、公開当時、話題になっていたことが、キャラクターの頬の線。筋肉をつけようとしたんでしょ？

押井　そうだよ。キャラクターが頬の筋肉を動かして喋っている。それはとても手間隙かかっていて、実際に声優たちが声を当てている様子をビデオ録画して、それを参考にして作画させたんだよ。つまり、ここでも高畑さんは方法論の実験をしたかった。で、それは実験に終わっているだけで、作品のテーマや本質には何の関係もない。高畑さんは、頬の筋肉を描くことでヒロインの人格も表現したかったとか言っているようだけど、それはアリバイにすぎないから。つまり、本作のテーマは、農本主義を浸透させるプロパガンダ。でも、やりたかった実験はそれ。要するに、いつもの高畑さんらしく、テーマと実験が分裂しているんです。

――あの頬の表現、もしよかったら誰かが継承しているはずだけど、その後のアニメで観たことがない。

押井　それは当たり前です。あれだけ手間隙かけて何が面白かったのか、ということにしかなっていないから。

――音楽はどうです？　今回は都はるみに**ベット・ミドラー**の**『ローズ』**をカバーさせている。

押井　あれを映画的詐術と言うんだよ。つまり、詐欺。ラストでその曲がかかることで、何となく納得させられる。反対に、歌がなかったら、誰もが「何だ、この映画？」になっていたと思う。大なり小なり、監督なら誰もがやっていることで、僕だって**川井（憲次）**君の曲を壮大に鳴り響かせて何となく終わらせているし。

――確かに、最後に印象的な曲が流れると何となく丸くおさまっちゃう。

押井　『ぽろぽろ』の場合は、説得すべき内実がないから印象的な音楽を流して一応、終わらせてみた程度。そもそも、あんな農村あるの？　ってことだよ。

――農家の人が、みんなイイ人。田舎者にとってはファンタジーでした。

ベット・ミドラー
　歌手・女優。45年ハワイ生まれ。デビューアルバム『The Divine Miss M』がプラチナディスクに輝き歌手としてブレイク。役者としては初主演作『ローズ』(79)でオスカー主演女優賞ノミネート。『フォー・ザ・ボーイズ』(91)でも同賞にノミネートされた。

『ローズ』

　ベトナム戦争さなかの米国でアルコールとドラッグに溺れながら、歌うことに命をかけた女性シンガー、ローズの半生。モデルはジャニス・ジョプリン。ミドラー自身が歌ったテーマ曲『ローズ』も大ヒットした。『ぽろぽろ』で都はるみがカバーした

押井　昔、宮さんと話したことがあるんだけど、「多少なりとも、創造的な野心をもっている人間には2種類しかいない。収容所の所長になる男と、脱走を企てる男の2種類。映画監督もそのどちらかだ」ってね。宮さんや高畑さんはどっちだと思う？

——脱走をプランしそうには見えないから所長？　押井さんは脱走者のほうしか考えられない（笑）。

押井　アタリ！　だいたい映画監督なんて独裁者を目指すか、アナーキストになるかのどちらかですよ。スタジオを作った時点で宮さんも高畑さんも独裁者。そもそもスタジオを作り、自分がそれを動かすということ自体、独裁者的ですから。僕はスタジオなんてこれっぽっちも思ったことがないし、これからも絶対に思わない。だからアナーキスト。

——宮崎さんのお気に入りの庵野さんもスタジオを作りましたしね。

押井　あのふたりは似てるんだよ。言うまでもなく庵野は独裁者タイプ。人に犠牲を強いても何とも思っていないから。

この曲の日本語タイトルは『愛は花、君はその種子』。このフレーズは原曲にも出てくる。ちなみに訳詞は高畑監督自身。

川井憲次（かわい けんじ）
作曲家。57年東京生まれ。押井初の実写映画『紅い眼鏡』で音楽を担当。以来、ほとんどの作品を手掛けている。その他の作品に香港映画『イップ・マン 序章』（08）、『ＧＡＮＴＺ』シリーズ（11）等。

勉強家ですが、何か?『平成狸合戦ぽんぽこ』

STORY
多摩ニュータウン建設で住処を奪われたタヌキたちが、「化学」(ばけがく)を復興し、人間への反撃を決意。タヌキの三長老の指導の元、百鬼夜行でニュータウンを襲うが、逆に人間に喜ばれてしまう。タヌキたちのおかしくも切ない戦いを描く。

キャスト:古今亭志ん朝　野々村真
原作・脚本・監督:高畑勲　企画:宮崎駿　プロデューサー:鈴木敏夫
公開日:1994年7月16日　上映時間:約119分　興行収入:44.7億円　キャッチコピー:タヌキだってがんばってるんだよォ。

自然描写に手抜きアリ!?

――さて高畑勲監督の『平成狸合戦ぽんぽこ』です。これは原案も脚本も高畑さんですね。

押井　『おもひでぽろぽろ』のときもそうだったけど、高畑さんの自然描写はいきなりBG(背景)だけになったりする。作画でもフィックス(固定カメラ)で1枚何か入れたりするくらいだし、本当にスケッチで点景ばかり。そういうのは黒澤明の『**姿三四郎**』の時代から何も変わってない。季節の移ろいをモンタージュでパッ

『**姿三四郎**』　43年の黒澤明監督作。柔道家・姿三四郎の成長と活躍を描く青春ドラマ。出演は藤田進、大河内傳次郎、轟夕起子ほか。

新海誠(しんかい まこと)　監督・脚本家・小説

パッパッと表現するだけ。

——そうでしたけど、きれいでしたよ。

押井　僕は、そういう表現をアニメでやる意味があるのかと言いたいわけ。もしあるんだったら、もっともっと丁寧に描かなきゃ。レイアウトもありきたりで、色もよくない。僕に言わせれば、**新海誠**のほうがまともなんじゃないかってね。

　僕がそんなこと言うのも、背景に関してはいろいろ考えていて、これまでもいろんなことをやってきたからで、言う資格はあるんです。つまり、高畑さんはまったく演出をしていない。コンテ通りのレイアウトで、背景さんや作画が描いただけだし、雲ひとつ動いてないよ。そもそもストーリーのなかで自然描写をほとんど活かしてないでしょ？　この作品のテーマを考えれば、自然をキチンと丁寧に描写しなきゃいけないはずなのに、手を抜いている。

——テーマはおそらく「自然を守ろう」みたいな感じですよね。

押井　開発を進めて都市化することをどう考えるのか、という話ですよ。タヌキの、化けるといわれている特性を使ってファンタジーにして、そのテーマをもっとエンタテインメントとして語ろうとしているわけだよね。にもかかわらず、森

家。73年長野県生まれ。監督・脚本・作画等、ほぼすべてをひとりでこなした短編『ほしのこえ』(02)で注目される。初長編は『雲のむこう、約束の場所』(04)。その他の作品に『秒速5センチメートル』(07)、『言の葉の庭』(13)。最新作『君の名は。』(16)が240億円を超える大ヒット。『千尋』に続く歴代2位の成績を記録した。

が開発され都市へと変化する部分がただのオーバーラップだったりで、本当に動いてない。これが宮さんならちゃんと動かす。それこそ『もののけ』のときのように、足元からフワーッと草や花が生えてくるような感じで、ちゃんと動かしてみせる。これだけ自然描写を動かさずに自然がテーマだなんて、ありえないよ。

――高畑さんの原案・脚本で、お得意の自然なのに、どうしたんでしょうね。

押井　全然やっていない。この作品に関して言うと、驚くほど淡泊。おざなり。やる気があったとはまったく思えない。

――鈴木さんの提案で始めたんでしょうか。

押井　判らない。僕もトシちゃんから、そういうことはまったく聞いてないから。でも、企画としてはありそうな話ではある。タヌキは都市の周辺、人間の近くにいる動物だから。人間の側にいるからこそ、いろんな民話や童話に登場するんだよ。そういうタヌキを上手に取り入れれば、いわゆる「漫画映画」が作れるんじゃないか？　いいアニメーションになるんじゃないか？　しかも都市化や近代化との向き合い方を語ることもできる。これにゴーサインが出る理由も判る。

――和風のファンタジーができそうですよね。

押井　うん。高畑さんは基本、**『御伽草子』**や**『鳥獣戯画』**のほうが好きで、ダンゼンそっちのほうの造詣が深い。だから得意分野のはずなのに、ファンタジーとしても喜劇としてもまったく成り立ってないでしょ。だから、僕が思うに、インテリが喜劇やギャグをやろうとすると笑えないという典型なんじゃないか。つまり、教養が邪魔しちゃうんだよ。

インテリのギャグは笑えるか

——高畑さんの話のときは必ず、その教養が出てきますよね。

押井　だってそうなんだから。これ観て笑えた？

——いや、まったく。

押井　喜劇を目指した以上は笑わせなきゃいけないのに。高畑さんのことだから、タヌキのお勉強もキッチリやったはずだし、タヌキにゆかりのある各地の大御所タヌキを3匹登場させているにもかかわらず、何をさせたかったのかさっぱり判らない。彼らはほぼストーリーに関与していないよね。

——そのタヌキは、六代目金長、太三朗禿狸、そして隠神刑部という名前ですね。

『御伽草子』
室町時代から江戸時代初期にわたって作られた、挿絵入りの短編物語のこと。そのなかには『浦島太郎』『一寸法師』『鉢かづき』等、馴染みのある物語が収められている。

『鳥獣戯画』
正式名は『鳥獣人物戯画』。平安時代末期から鎌倉時代初期の間に複数の作者によって描かれたと言われる墨画の絵巻物。

押井　もちろん、結論としては、タヌキが人間に勝つはずはない。その負けると決まっている勝負をいかに面白く見せるかがアニメーションでしょ。最終的にタヌキが負けて、人間のふりをして人間社会のなかで生きる化けタヌキがいる一方で、化けることのできないタヌキもいる。過激派のタヌキが機動隊に殲滅されて、その死体がトラックに放り込まれたりとか、かなり残酷なことを平気でやっている。まあ、高畑さんは急進派が好きじゃないってことが判ったけどさ。

要するに、「跳ね上がりはこういう目に遭う」ということ。やっぱり組織を作り、みんなで勉強して、研究して、知性で勝負しなきゃダメなんだということを言いたいわけだ。玉三郎という名前の中道左派みたいなタヌキがいたよね？　ああいうのが勝てるはずないのに、そういう内紛みたいなことをメインでやるのか、いわゆる一種の左翼運動のような話になるのかと思って観ていると、そっちにも行かないんだよ。そのわりに平気で**マルクス**、**エンゲルス**、**レーニン**のようなタヌキの長老を出してきている。うーん、本当によく判らない。

——いろんなエピソードが詰め込まれている感じ。まとまりはないかも。

押井　各地の古ダヌキ３匹が出てきた理由は結局判らず、しかもそのおかげでテ

マルクス
カール・マルクスのこと。１８１８年ドイツ生まれの哲学者・思想家・革命家。資本主義社会の研究書『資本論』で知られる。

エンゲルス
フリードリヒ・エンゲルスのこと。１８２０年ドイツ生まれの思想家・哲学者・ジャーナリスト・実業家。マルクスの友人で、共著に『共産党宣言』がある。

レーニン
ウラジーミル・レーニンのこと。１８７０年ロシア生まれの革命家・政治家。ロシア革命で主導的役割を果たし、史上初の社会主義国家を発足させた。

ンポが落ちる。というか、映画全体にも言えるんだけど、テンポというものがこの作品にはないし、メリハリもない。

——時間軸が判らないですよね。四国や佐渡の長老を招集に行って、どれくらいして連れて来たのかも判らない。

押井　さっき言った玉三郎というキャラクターも、出向いた先で結婚したり、何をしているのか、何がしたいのか、判らずじまい。そういう細かいことを言い出したらきりがないよ。

——私は下ネタが多いのに驚きました。タヌキの八畳敷きとか、実際にやられるとドン引いちゃったんですけど。

押井　意外に下世話。だから思うんだけど、インテリがギャグを目指すと笑えないだけじゃなく、なぜか下品になっちゃうんだよね。土俗的な笑いというのとも違う。**今村昌平**じゃないんだから。

——『**にっぽん昆虫記**』みたいな？

押井　そうそう。そこまでは絶対に行けない。今村昌平はそれができる下地をもっているけど、高畑さんはもっていないから無理。団地のなかで妖怪大会を

今村昌平
映画監督・脚本家。26年東京生まれ。『にあんちゃん』(59)で注目される。代表作に『赤い殺意』(64)、『神々の深き欲望』(68)、『復讐するは我にあり』(79)、『黒い雨』(89)等。『楢山節考』(83)と『うなぎ』(97)でカンヌ映画祭パルムドールを獲得した。

『にっぽん昆虫記』
63年の今村昌平監督作。三代にわたる女性のセックスを通して人生を語ったパワフルな人間ドラマ。主演の左幸子が日本人としては初めてベルリン映画祭主演女優賞に輝いた。

やったときも、やっぱり教養が邪魔しているのか、鳥獣戯画の世界で終わっている。アニメーションならもっと凄いことができるのに、それをしていない。

――私は、そういう描写のおかげで、物悲しさが生まれていて好きでしたけど。

押井　いや、ああいうシーンはパワー主義で行かなきゃいけないの。それこそ動画の威力を見せつけなきゃ。麻紀さんの感じた物悲しさは結果的にそうなっただけ。目指したものじゃないから。ただ日本古来の妖怪たちを次々と出しただけで、アニメーション的にはもっと別の表現があっただろうと言いたい。要するに妖怪カタログになっていて、これは最悪のパターンだよ。宮さんなら、唐傘お化けで一個飛行中隊は出す。唐傘お化けだよ？　飛ばさなきゃ意味ないでしょ。そうやってカタログ的な表現になっているのは、高畑さんが、自分の見せたかった妖怪をすべて出しているから。つまり、ここでも教養が邪魔しているんだよ。

演出の教科書『じゃりン子チエ』

――一応、キャッチのひとつに「総天然色漫画映画」とありますけどね。

押井　そういう要素はゼロです。タヌキがしょっちゅう化けたり戻ったりするし、タヌキの種類だけで3、4種類出てくる。画の階梯のレベル、抽象度の違い。それを同じフレーム、同じカットのなかで変えてみせたりして、それをアニメーション的だと思っているだけ。とにかく昔から言われている「メタモルフォーゼこそがアニメーションの本質だ」をやったつもりになっている。

——それは具体的にどういうことですか。

押井　ネズミが人間のように歩いたり、服を着て喋ったりすることや、馬の群れが大波に変わったりとか、ディズニーが散々やったこと。みんなそれを信じていた時期があったんだけど、日本ではやらなかった。なぜなら、そこまで手間隙をかける余裕がなかったから。結果的にキャラクターを固定し、抽象度も固定してドラマでがんばったわけだ。ドラマや演出の面白さで見せる方法を取ったの。一言でいうと劇画にしたんですよ。まあ『**タイガーマスク**』の世界かな。日本のTVアニメは基本的にそれ。絵柄や抽象度を途中で変えると視聴者が混乱するしね。ただし、二頭身のマスコットのようなキャラクターが側に転がっていたりするのはOK。メカものでもよくやっている。

でも、僕がスタジオに入った頃は、アニメーションでしかできないことをやる

『タイガーマスク』
69年から71年までオンエアされたTVアニメ。原作漫画は梶原一騎と辻なおきによるもの。孤児たちを助けるためにリングに立つ悪役覆面レスラー〝タイガーマスク〟の壮絶な人生。

べきではないかという、要するにリアルでないものに傾いていたんだけど、師匠も僕もそういう流れには反発していた。で、僕の認識では高畑勲という人もリアル志向だったはずなんですけどね。

――確かに、この前の『火垂る』を観ると、バリバリのリアル志向ですよね。もしかしたら、ちょっとやってみたかったとか？

押井　だから、それくらいのレベルなんだよ。信念がないからこういうことになる。こういうのを〝おざなり〟と言うんです。だからテーマまで〝おざなり〟になっちゃった。あとは音楽もかな。誰だっけ？

――テーマ曲は上々颱風の『アジアのこの街で』。エンディングに流れるのも同じバンドの『いつでも誰かが』ですね。

押井　当時の流行モンでしょ？　音楽もおざなりに選んでいる。

――押井さんの話を聞いていると、高畑さんって面白い物語を語りたいというつもりがあまりないように感じるんですが。

押井　全然ない。昔はあったよ。『赤毛のアン』の頃までは確かにあった。僕は当時の高畑さんを尊敬していたしね。『赤毛のアン』でどれだけ勉強させてもらったか判らないし、『じゃりン子チエ』でも相当勉強させてもらった。何度観たか判らないから。演出家としてあれほどためになる作品もないと思ったたし、同業者の人はもれなく同じことを言うよ。何度も言うけど、当時の高畑さんは演出家としては超一流です。

――自分で画を描かない監督という意味では押井さんと同じですよね。

押井　だからある意味、共感もあった。ちゃんと映画として時間軸を演出で扱える珍しい人だったたし、本当に勉強のために一生懸命観た。あの頃までは、ドラマというか物語を伝えたいという固い意志があったんだよ。

――何があったんでしょうね。

押井　映画監督ではなく文化人になったからだよ。もともとインテリだったたから、文化人志向のある人ではあった。その色が濃くなると同時に、物語を伝えるという意志がどんどん消えていったんじゃないかな。映画という器のなかで、自分の知性と教養、そして薀蓄を語る文化人になってしまったんだ。

『じゃりン子チエ』
81年から83年までオンエアされた東京ムービー新社製作のTVアニメ。総監督は高畑勲。原作は78年から97年まで『漫画アクション』に連載されたはるき悦巳の同名漫画。大阪でホルモン焼き屋を切り盛りするがらっぱちな女の子チエの日常を描く。

ホームドラマの名手、その手腕を発揮できたか？『ホーホケキョ　となりの山田くん』

上映時間が永遠に感じられた……

――『ホーホケキョ　となりの山田くん』ですが、これを高畑さんが劇場用の長編アニメーションにすると聞いたときは、みんなが驚きましたね。

押井　驚いたというより、何をしたいんだと思ったよ。ひとつ考えられるのは、高畑さんにもう一度、ホームドラマをやらせようと考えたんじゃないかということ。つまり、『じゃりン子チエ』ですよ。

――なるほど！

STORY
朝日新聞紙上で連載されたいしいひさいちの4コマ漫画をつなぎ合わせて長編アニメーション化。どこにでもいそうな普通の三世代家族、山田家の日常をほのぼのとしたギャグや、ペーソスを交えて描く。松尾芭蕉などの俳句も印象的に登場。

キャスト：朝丘雪路　益岡徹　中村玉緒　原作：いしいひさいち　脚本・監督：高畑勲　プロデューサー：鈴木敏夫　公開日：1999年7月17日　上映時間：約104分　興行収入：15.6億円　キャッチコピー：家内安全は、世界の願い。

押井　僕の推測だけど、トシちゃんは『おもひでぽろぽろ』を観てヤバいと思った。しかも、その次が『ぽんぽこ』だよ。「この人はどこまで行くか判らないぞ。プロパガンダの映画を作りはじめた」みたいな感じでさ。

——そういうプロパガンダ色って、脚本の時点である程度は判りますよね？　鈴木さんの得意の話術で軌道修正はできないんですか？

押井　もちろん、試みたと思うよ。でも、できなかった。途中でチビチビ軌道修正して成功することもあるけど、正面切って論争したら絶対、高畑さんには勝てない。からめ手が効かないから。宮さんには効くけど、高畑さんには通用しない。彼は完璧にロジックの人。ロジックしかない人だから。

そんな人でもホームドラマには実績があるわけだから、そのホームドラマをぶつけたら、何か起きるかもしれないと考えたんだよ、きっと。でも、映画を観る限りでは何も起きてないし、何の説得もできてない。4コマ漫画の寄せ集めで、家族の歳時記的なエピソードがダラダラと描かれているだけ。そもそも、映画になっているかどうかさえ怪しい。これを長編映画と言っていいものかと思った人はたくさんいるんじゃない？　始まりもなければ終わりもないんだからさ。で、さすがの鈴木敏夫もキャッチコピーに苦労した。

――「家内安全は、世界の願い。」ですね。

押井　それも凄いけど、タイトルに『ホーホケキョ』なんてつけている。もちろん、いしいひさいちの原作漫画に『ホーホケキョ』はないよ。でも、トシちゃんは『となりの山田くん』だけじゃ宣伝すらまともにできないと思って『ホーホケキョ』をくっつけた。これで「どんな意味なんだろう?」とみんなに思わせることができるから。トシちゃんの苦労のあとがにじみまくってますよ。

――主題歌が**矢野顕子**で、これも鈴木さんの苦肉の策、なんでしょうね。

押井　いつもの詐術です。しかし、得意のその詐術を使ってもどうしようもなかった。上映時間の104分は普通だけど、本作に関しては永遠に感じるほどだったから。

――本当に長かったですねー。

押井　はっきり言って、**芝山（努）さん**が東京ムービーで作った『**がんばれ!!　タブチくん!!**』のほうがよっぽど面白いよ。両方とも原作はいしいひさいちで、片方は芝山さんのワザだけで「あらよ」という感じで作って、これが意外と面白い。

矢野顕子（やの　あきこ）
　シンガーソングライター。55年東京生まれ。代表作に『春咲小紅』『いろはにこんぺいとう』等。『山田くん』の主題歌は作詞・作曲・編曲・歌の『ひとりぼっちはやめた』。藤原先生の声も務めた。

芝山さん
　芝山努（しばやまつとむ）のこと。アニメ監督。41年東京生まれ。TVアニメシリーズの代表作に『ドラえもん』『ちびまる子ちゃん』『忍たま乱太郎』等。劇場アニメの代表作に『ドラえもん　のび太の海底鬼岩城』（83）から『ドラえもん　のび太のワンニャン時空伝』（04）等。

だいいち、いしいひさいちらしいから。高畑さんがやると妙にアートになって、面白くもなんともないよ。

〝表現上の実験〟はアニメーター泣かせ

――しかもこの作品、とても製作費がかかっていると聞きました。20億円以上とか？　きっとそのアートの部分ですよね。

押井　詳しい数字は知らないけど、確かにお金はかかっている。アニメーターにムチャクチャな仕事をさせたから。「水彩のような感じで仕上げてみたい。輪郭がないような色付けをしたい。そういう画を実現してくれ。そのためにはどうすればいいか、考えてくれ」というようなね。

――それだけ聞くと**スティーブ・ジョブズ**みたいですね。自分は画は描けないけど、できる人に無理難題を突きつける。

押井　そういう部分は似てるかもしれないけど、ジョブズはむしろトシちゃんのほう。高畑さんには経営戦略的なことはできないし、興味もないから。でも、言うまでもなく高畑さんは映像の実験には興味があった。だから、そういう無理を

『がんばれ!!　タブチくん!!』
79年製作。オムニバス形式の劇場アニメ。この1作目がヒットしたため『がんばれ!!タブチくん!!　第2弾　激闘ペナントレース』(80)、『がんばれ!!タブチくん!!　初笑い第3弾　あゝツッパリ人生』(80)が作られた。監督はすべて芝山努。

スティーブ・ジョブズ
米国の実業家。55年米国生まれ。アップル社の共同設立者。実際にコンピュータを作ったのはスティーブ・ウォズニアックだったが、それを作らせ売ったのはジョブズだった。11年逝去。

突きつけ、ああいう映画を作ってしまったわけだよ。

『山田くん』で使われた彩色の技術は、いまだとデジタルで一発でできてしまう。そういう、のちの新しい技術で簡単にできるようになる方法は、表現上の実験とかチャンスとか言っちゃいけないんだよ。だから、ここでも浮かび上がるのは、高畑さんの「まず結論ありき」。

——なるほど。高畑さんは、それから『かぐや姫の物語』まで監督はしてませんね。

押井　この作品で高畑さんとジブリの関係は破綻した。宮さんもはっきり「パクさん（高畑さんのこと）にはもう撮らせない」と言っていたから。つまり、そこまで怒ったんだよ。宮さんもアニメーターだから、彼らにこれだけの苦労を負わせて、できたものがコレというので、さすがに怒ったわけだ。

そういうわけで、高畑勲、宮崎駿、鈴木敏夫の3人が共同でやった最後の仕事が『山田くん』。ジブリというスタジオで言うと、いろんな矛盾が覆い隠せないところまで加速していった時期になるんじゃないかな。

高畑勲、やりたいことをやる。『かぐや姫の物語』

表現者・高畑勲

——高畑さんが『山田くん』から14年ぶりに作ったのが『かぐや姫の物語』です。製作に8年を要したと言われていますよね。

押井　だから、相当凄いものができているんじゃないかと思ったんだけど、そうでもなかった。僕の趣味とはまったく違うだろうけど、完成度はきっと高いんだろうという予測を見事に裏切ったので、むしろ驚いたくらい。

——私が驚いたのは『山田くん』のときと同じような手法を使っていたところ。

STORY
日本で最も古い物語と言われる「竹取物語」が題材。光る竹から現れた女の子を連れ帰った翁は、媼と共に大切に育て、娘を高貴な姫君に育てようと都に移り住むのだった。やがて姫の美しさを聞きつけた5人の求婚者が現れる。

キャスト：朝倉あき　高良健吾　原案・脚本・監督：高畑勲　製作：氏家齊一郎　企画：鈴木敏夫　プロデューサー：西村義明　公開日：2013年11月23日　上映時間：約137分　興行収入：24.7億円　キャッチコピー：姫の犯した罪と罰。

もっと進化させているから、より手間がかかったのではないかと思いました。

押井　高畑さんの辞書には「懲りる」なんて言葉はありませんから。自分の作り出すものの価値を信じて疑わないのが高畑勲。「もしかしたら、何の役にも立たないものを作っているのかもしれない」なんていう自意識はゼロです。

――宮崎さんや鈴木さんは反対しなかったの？

押井　ジブリにはパトロン的存在の日テレの**氏家齊一郎**さんという方がいて、彼の遺言が「高畑勲に映画を作らせろ」だった。当然、これに歯向かえるわけがない。本当は宮さんもトシちゃんも「よそのスタジオでやってくれるんだったらいいけど、ジブリでは……」くらいに思っていたはずだよ。

――確かに『かぐや姫』のクレジットは、これまでとは違うんですよね。鈴木さんは「企画」でクレジットされていて、宮崎さんの名前は見当たらない。その氏家さんは「製作」でクレジットされています。

押井　企画というのはワケ判んないポジションだから、トシちゃんの名前は一応、そこに置いてみた。宮さんの名前がないのは、私は関わりたくないという抵抗の証だろうね。

氏家齊一郎（うじいえせいいちろう）　実業家・元日本テレビ代表取締役会長。26年東京生まれ。東京大学卒業後、読売新聞社に。日本テレビの副社長時代からジブリとの提携を深めていった。『山田くん』を気に入ったことから高畑監督の新作を望み『かぐや姫』が製作されることになったという。11年逝去。

そういうことからも判るように、これはジブリのなかから生まれたものじゃなく、高畑さん自身の企画。随分前から彼が抱えていたんじゃないかな。もし、ジブリのなかで揉まれていたなら、「なぜいま『竹取物語』なのか」ということへの答えがあったはずだし、いつものように時代を現代に移すようなことだってやっていたかもしれない。でも、そういう形跡はまったくないから、高畑さんがひたすら奔放に作ったんだと思うよ。まあ、製作費は50億円だったたって聞くけどね(笑)。

――『山田くん』でも使っていた、あの**フレデリック・バック**のような表現はどうです？　本人がこだわっているんでしょうが。

押井　もちろん、とてもこだわっていますよ。なぜなら高畑勲は表現者だから。ああいう様式に文化的な価値があると考えているからですよ。日本のセルアニメーションなんてディズニーが作り出したひとつの形式にすぎない。あの形式が普及したのは、経済的にもっとも費用対効果が高いという以外の理由はないから。

そもそもアニメーションというのはもっと広範な表現だったんだよ。モデルやらパペットやら、絵でもどんなモノでも、何かを連続的に動かせばみんなアニメー

フレデリック・バック
アニメーター、アニメ監督。24年フランス生まれ。48年にカナダ・モントリオールに移住。代表作にアカデミー短編アニメ賞を受賞した『クラック！』(81)、『木を植えた男』(87)がある。後者は色鉛筆を使い、2万枚にも及ぶ画をほとんどひとりで描き、製作には5年を費やした。高畑は自ら『かぐや姫』を持ってバックの自宅を訪れ、作品を観てもらったが、それから1週間後の13年12月24日、バックは逝去した。癌で闘病中だったという。

ション。僕の『立喰師列伝』だって人間をモノ扱いしてアニメーションにしているんだし。
そういう認識から言えば高畑さんが「ディズニー的なアニメーションなんてやってられるか」と思っても何の不思議もない。表現者なんだったら、もっといろんな表現を目指すべきだということですよ。つまり、**ノルシュテイン**でありフレデリック・バックになる。何度でも言いますが、高畑さんはクソインテリですから。

――押井さんは、あの表現はどう思ったんですか。

押井　気になったのは、キャラクターの統一がデザイン的に取られてないところ。かぐや姫の顔だけ別系列ですよ。高畑勲ともあろうものが、何やってんだと思ったね。

――絶世の美女にしなきゃいけないからなのでは？

押井　同じ系列の顔でいくらでも美人にできなきゃダメでしょ。美人というのは記号になっちゃダメなんです。ある瞬間とても綺麗に見えたということがもっとも重要であって、高畑さんはそれをかつて『じゃりン子チエ』で実現している。あ

ノルシュテイン
ユーリ・ノルシュテインのこと。アニメーター・アニメ監督。41年ロシア生まれ。代表作に『霧につつまれたハリネズミ』(75)、『話の話』(79)等。いずれも切り絵を使った短編。

の下駄のような顔のチエが、ときどきものすごくかわいい顔をするんだよ。「これがアニメーションなんだ」って感心したんだから。

アニメの美少女って、出てきた瞬間から全カット美人に描こうとするじゃない？　でも、それは表情を描いたことにはならない。キャラクターになってないから。それじゃ**松本零士**のキャラクターと同じだよ。かっこいいヤツと、みっともないオヤジ、そして美人。この3通りしかないんだから。あと、ばあさんもいるか。で、『かぐや姫』はキャラクターの統一が取れていません。

かぐや姫は魔性の女

――でも、赤ちゃんの頃のかぐや姫はかわいいですよね。

押井　ああいう作画の力だけは随所にある。（赤ちゃんのかぐや姫が）瞬間的にズンと重くなったり、寝返りを打つうちに大きくなったり。そういう仕掛けはアニメならではでよくできている。かぐや姫のように地球に来て月に戻ったというおばさんが、一瞬だけ振り返るシーンがあったけど、そのおばさんは非常によかった。ワンカットだけだけど、強烈な印象だったよね。

松本零士（まつもとれいじ）　漫画家。38年福岡県生まれ。少女漫画からスタートし『男おいどん』でブレイク。監督・設定デザインとして『ヤマト』のTVシリーズに参加。劇場版も監督した。同作がブレイクしたことで自分の念願の企画『銀河鉄道999』『宇宙海賊キャプテンハーロック』のアニメ化が実現。とりわけ『999』は大ヒットした。

あとは、かぐや姫が凄い形相で都から逃げ出すところ。ああ、これがやりたかったのかって。だからこそ、強弱がつきまくった、ラインのつながっていない絵柄なんだって。でも、あの表現をするため、どれだけのアニメーターが死ぬ思いをしたのかと言いたくなる。

確かに、迫力があるし面白い。でも、それだったら短編でやればいいじゃない。あのシーンだけで短編を作れば誰も死ぬ思いをしなかっただろうし、50億もかからなかった。

じゃあ、なぜ2時間を越える物語にしたのか？　どこかにその理由があるはずだと僕なりに探してみたら**「サンカ」**に行き着いた。さすがインテリだけあって、どうしても自分が勉強したことを形にしないと気が済まないわけだ。

――原作には登場しない、かぐや姫の幼なじみの少年、捨丸の存在ですか？

押井　そう、捨丸。炭焼きのおっさんがしっかりと説明してくれている。「彼らは10年ごとに山を替えるんだ。山を殺さないためにな」って。ご丁寧に竹ひごで籠を作る描写があり、お椀を作る描写もあった。竹ひごはまだしも、お椀は間違いなく「サンカ」の記号だから。彼らの存在を知っている人間なら誰でもピンと

サンカ
定住せず、農耕もせず、戸籍ももたず仕事を求めて移動する漂泊の民のこと。明治時代には全国で約20万人いたともいわれている。いまだに謎の多い民。

くるよ。

では、それで物語が豊かになったのか？　面白くなったのかと言うと、そこまでではない。ただひとつ、かぐや姫が選んだというか、好きだった異性が捨丸だったという部分を深ヨミすると、マイノリティの物語という見方もできる。つまり、言い寄ってくる貴族たちをすべて振って、マイノリティの民である捨丸に惹かれるんだからね。もともとかぐや姫自体が月から来たマイノリティであり、月の住人ということ自体が例外者の比喩にもなる。もしかしたら、そういう意図もあったのかもしれないけど。

かぐや姫の5人の求婚者のエピソードもひとつひとつ丁寧にやっているんだけど、そこまでする必要性は感じなかったし、省略しなかったことにどんな意味があったのかも判らなかった。一番、納得いく答えは、高畑さんが、何でも全部やらなきゃ気が済まないから、になってしまうんだけどさ。

演出はテンポも感じられず、ダラダラとやっているだけ。往年の高畑勲の演出力から見ると、めちゃくちゃユルいですよ。

――私は、かぐや姫が何を考えているのか、よく判らなかったですね。

押井　かぐや姫の感情の起伏はかなりよく描いてはいるけど、彼女の気持ちがどこで変わったのか、それは伝わってこなかったよね。

――私は、高畑監督の女性観が出ているのかなあと思いました。女は自分勝手でロクなもんじゃないって。再会した捨丸を惑わせ、都中の男を惑わせて、最終的には自分は月に帰って何も覚えてません。これはもう**ファム・ファタール**ですよ。

押井　魔性の女だよね。しかも本人は無自覚だから。でも、男から見ると、それはそれでいい。**ヴァンプ**は許容できなくても、ファム・ファタールは許容できる。

――美人だから？

押井　はい、基本的にはその通りです。僕は別にそうじゃないけど、ファム・ファタールがＯＫなのは、これまで幾度となく描かれてきたことからも判る。映画はファム・ファタールと縁が切れたことがないんだよ。少なくとも男は彼女たちの存在を納得してしまう。「女ってそういうもんだよな。そういうのがなかったらこの世はつまんないよ」ってね。女性がムカつくのはたぶん、男と女の価値観の違いだよ。男はどこか美女に振り回されたいという願望があるからさ。

――ということは、かぐや姫の話を作ってみたら、ファム・ファタールものになっ

ファム・ファタール
　フランス語で直訳すると「運命の女」。有名なファム・ファタール映画は『ギルダ』(46)、『エヴァの匂い』(62)、『ロリータ』(62)等。ブライアン・デ・パルマはそのままズバリの『ファム・ファタール』(02)という映画を作った。

ヴァンプ
　男を惑わす妖しい魅力をもつ女性、悪女。サイレント時代のセックスシンボル的女優セダ・バラのニックネーム、ヴァンプがその語源。これは〝ヴァンパイア〟の略語で、男性の生気を吸い取るような意味あいをもつ。ヴァンプが登場する映画に『深夜の告白』(44)、『白いドレスの女』(81)、『氷

てしまった?

押井　そういうこともあったんじゃない(笑)。

あと、もうひとつ気になったのはあの歌。「鳥、虫、獣……」という劇中に流れる『わらべ唄』だよ。これは高畑さん自身が作詞作曲したんだよね? あの歌で何が言いたかったんだと思う?

――まんまですが、「自然は美しい。大切にしましょう」じゃないんですか?

押井　『かぐや姫』観て、そう思った?

――ええ、そう言いたいんだろうなって。でも、私の場合はそれより「かぐや姫って面倒臭い」というほうが勝ってましたけど(笑)。

押井　僕は自然賛歌には見えなかった。自分の勉強したことをかたちにしたに過ぎないという映画が『かぐや姫』だと思ったよ。だから高畑勲はクソインテリってことです。


の微笑』(92)等がある。

第三章

ジブリ 第三の監督たち

宮さんの匂い、消臭しました

『耳をすませば』

僕もジブリ第三の監督になりかけた

――監督はジブリのアニメーター、**近藤喜文**さん。宮崎・高畑の両氏以外が監督した初の作品ですよね。原作は柊あおいの同名漫画です。

押井　近藤さんが『**中学生日記**』が大好きで、これを作ったと聞いているけど。

――そもそも、なぜ近藤さんの名前が浮上したのでしょう。

押井　あの時期はきっと、宮崎・高畑に続く三番目の監督を作り出そうとしていたんだと思う。実際、僕も声をかけられたから。

近藤喜文（こんどうよしふみ）
アニメーター、監督。50年新潟県生まれ。日本アニメーション時代には『コナン』『赤毛のアン』に参加。テレコム・アニメーションに移籍後は『名探偵ホームズ』のキャラクターデザイン、作画監督を担当。宮崎

STORY
読書が好きな中学3年生、月島雫は、図書館で借りる本を必ず先に読んでいる"天沢聖司"に関心を抱く。ある日、偶然訪れた古道具屋「地球屋」で聖司に出会った雫は、彼がバイオリン職人を目指していることを知り、自分の夢について考え始める。

キャスト:本名陽子　原作:柊あおい　製作プロデューサー・脚本・絵コンテ: 宮崎駿　監督:近藤喜文　プロデューサー:鈴木敏夫　公開日: 1995年7月15日　上映時間: 約111分　興行収入:31.5億円　キャッチコピー:好きなひとが、できました。

――あら、それは面白いですね。

押井　そりゃそうでしょう。スタジオを維持するためには毎年毎年、長編アニメーションを作っていかなきゃいけないわけで、監督がふたりしかいないジブリにとっては相当に大変なこと。1本作るのに最低でも2年はかかるんだから、当然、第三の監督がマストだと考えて探し始めたんだよ。**細田守**にも声がかかったし、僕も2回くらい声をかけられた。もちろん、決裂しちゃったけど(笑)。

――どんな作品で声がかかったの？

押井　1本は『アンカー』という企画。声がかかった時期は覚えてないけど、高校生の話だった。リレーの最終走者のことだから。

宮さんの別荘で、宮さん、高畑さん、トシちゃん、(宮崎)吾朗くん、そして僕かな。その面子で企画会議をやったんだよ。宮さんは「俺は絶対口出ししない。アンタの好きなようにしていい」とか言っていたけど、その時点でもう「俺ならこうやる」って言い出してるから(笑)、信用なんてできるわけがない。で、延々と議論して、最終的には決裂。最後は確か、高畑さんと僕の怒鳴りあいだった。

というのも、僕は参考にと思って『**安寿子の靴**』という、当時好きだったＮＨＫ

演出、近藤作監の『青い紅玉(ルビー)』はオンエア前に『ナウシカ』の併映作品として上映され、同コンビによる『ミセス・ハドソン人質事件』はオンエア後に『ラピュタ』と併映された。その後ジブリに移籍し、『火垂る』『魔女宅』『ぽろぽろ』『もののけ』で作監。『火垂る』『ぽろぽろ』でキャラデザを担当。『耳をすませば』が唯一の監督作となった。98年逝去。

『中学生日記』
72年から12年までＮＨＫ総合でオンエアされていた30分番組。製作はＮＨＫ名古屋放送局。名古屋の架空の中学校の生徒たちの抱える悩み等にフォーカスした青春ドラマ。生のTVドラマのビデオを持っていったんだよ。90分くらいの単発もので、脚本は**唐十郎**。それを観た高畑さんが「この作者は面白い人間だ。現実的に可能なシチュエーションだけでファンタジーを作っている」みたいなことを言い始めたの。僕はもうびっくりで「アンタは何を見てるんだ？　この物語のどこが日常で起こり得る範疇で収まっているんだよ！」という感じ。唐十郎なんだから、とんでもない設定が入ってるし、タイトルからも判るように『**山椒大夫**』、つまり『安寿と厨子王』なんですよ。「安寿子」と書いて「やすこ」と読ませるんだからね。唐十郎がよくやっていた、昔の民話を現代に置き換えて、特有の寓話を作っているわけ。それを、日常的なシチュエーションに収まっているなんて見当違いなことを言われて、怒鳴りあいになった。

――ほんと、みなさんケンカ好きですよねー。

押井　『アンカー』の話とは関係ないけど、まあそうやってケンカしておしまい。でも、それに懲りてないのか、あるいは本当に人材に困っていたのか、再び呼ばれたんだよ。今度は『**墨攻**』という作品でね。

――それは知らなかった！　『墨攻』は漫画にもなったし、香港で実写化もされま

徒役は基本、オーディションで選出した一般人だった。

細田守（ほそだ　まもる）
アニメーター、アニメ監督。67年富山県生まれ。東映アニメーションからキャリアを始め『ゲゲゲの鬼太郎（第4シリーズ）』（96～98）で演出家デビュー。『劇場版デジモンアドベンチャー　ぼくらのウォーゲーム！』（00）で注目される。その後、東映から出向というかたちで『ハウル』にとりかかるが諸般の事情で降板。東映を退社後『時をかける少女』（06）を監督しブレイクした。代表作に『サマーウォーズ』（09）、『おおかみこどもの雨と雪』（12）、『バケ

したよね。原作は『**後宮小説**』の酒見賢一だった。

押井　『後宮小説』は僕の師匠がTVスペシャルのアニメ（『雲のように風のように』）を監督したから。あれは傑作でしたけどね。そういうこともあって『墨攻』には僕も心が動いた。集団戦闘で攻城戦だし、墨子というのが籠城戦のスペシャリスト。だったらやってみたいという気持ちになったわけだ。

　当時は貧乏だったんだけど、ローンを組んでン十万円の資料本を買い込んだりしてた。高価な建築の本も買ったね。その本屋は宮さんが紹介してくれた店なんだけどさ。ケンカはしたものの、一応付き合いはあったから。

――それ観たかったですね。**アンディ・ラウ**の香港版は観ましたか？

押井　観たよ。川井君が音楽をやっているし。僕が考えていたのとは違うけどね。でも、やっぱりやりたかったというのはある。もしやっていたら、モブシーンとかどうするんだと、大変なことになっていただろうけどさ。

　話を戻して近藤さんなんだけど、彼がやるとなれば、内部で反対する人はまずいない。ジブリを支えた功労者だから。人間的にも穏やかないい人だし、そもそもアニメーターとしては超一流。文句をつける人はいない。僕もそれを聞いて「な

モノの子』（15）。数字も稼げる監督として〝第二の宮崎駿〟と言う人も多い。11年に自身のスタジオ、スタジオ地図を立ち上げた。

『安寿子の靴』
84年にNHKでオンエアされたドラマスペシャルの一話。90分。姉を亡くした少年。そんなとき、彼は不思議な少女と出会う。演出は三枝健起、脚本は唐十郎のオリジナル。彼の息子・大鶴義丹のデビュー作。番組主題歌は中島みゆき。

唐十郎（から じゅうろう）
劇作家・作家・監督・俳優。劇団唐組の主宰。40年東京生まれ。戯曲の代表作に『腰巻お仙』

るほど」と思ったもん。

現実離れした家族像

――近藤さんの監督作はこれ1本だけ。そもそも監督をやりたかったの?

押井　どうなんだろう。最初はいやがったという話を聞いたような気もするけど、本当のところは判らない。でも、出来上がった作品はご覧の通りで……ここは麻紀さんの意見を聞こうか。

――私ですか? ラストにびっくりでした。突然、抱きついて「結婚しよう!」で終わり。中学生で「結婚」というのにびっくりでした。『**小さな恋のメロディ**』みたいって。でも、こちらは思春期の中学3年生ですからね。

押井　他には?

――中学生でバイオリン職人になりたいという志の高さにも驚きましたが、それに負けられないと小説を書く主人公も凄い。彼女が住んでいる家が公団住宅のようなところというのも、これまでにないジブリでしたし、その一方でちゃんと洋館も出てくる(笑)。もっともイヤなのは『**カントリー・ロード**』です。

シリーズ、岸田國士戯曲賞の『少女仮面』、泉鏡花文学賞の『海星・河童』。小説の代表作に芥川賞受賞作の『佐川君からの手紙』等がある。

『山椒大夫』
森鷗外の短編小説。中世の説話を基にしている。タイトルは安寿と厨子王の姉弟を奴隷としてこき使う荘園領主の名前。姉は弟を逃がし、自分は自殺。弟は都で出世して戻り、山椒大夫を懲らしめる。その後、生き別れの母と再会するという物語。61年には東映動画が『安寿と厨子王丸』として劇場アニメーション化。54年には溝口健二が映画化し、彼の代表作となった。

押井　あれはねー、トシちゃんの趣味だから（笑）。大好きな自分の娘に訳詞をやらせている。選曲はちょっとオヤジっぽい。

僕がもっとも驚いたのは、公団住宅のような家。大学生の姉と二段ベッドで寝ていて、父親は図書館勤務、母親は大学に戻って修士論文を書こうとしている。僕の独断と偏見で言えばこれ、共産党の一家。いまどき、こんな健全で前向きな家庭はどこにあるんだろうと考えたとき、行き着いたのが共産党の一家だった。

――原作の母親は専業主婦だったのに、大学に通っているように変更したみたいですね。

押井　僕に言わせれば『サザエさん』の一家とさして変わらないくらい、現実離れもはなはだしい。家族全員が前向きで、さしずめ「家族というものはみんな愛し合っているもので、貧しいかもしれないが、それぞれを思いやり、それぞれが向上心をもって知的に生きましょう」でしょ？　僕の経験で言うと、家庭なんて闘争の場ですから。僕を含め、僕の姉弟はもれなく家庭内闘争をやってきた。

――それも特別すぎますが。この家庭はいわゆる理想なんでしょうね。

押井　ある種の理想的家族なんだけど、なぜ彼らをそういうふうに描かなきゃ

『**墨攻**』
戦国時代の中国を舞台にした歴史小説。作者は酒見賢一。墨者の青年が、思想を失った墨家集団から離れ、趙軍に攻められる梁城の守りにつく。墨者とは、独自の思想をもつ武装防御集団・墨家の者。後に森秀樹の作画、久保田千太郎の脚本で漫画化。06年には香中韓日合作で実写映画化された。監督はジェイコブ・チャン。

『**後宮小説**』
中国の架空の国を舞台にしたファンタジー小説。酒見賢一のデビュー作。後宮に14歳で入った少女の波乱万丈の半生を描く。そのTVアニメ化が『雲のように風のように』。キャラク

いけなかったのかということだよね。僕はそういうのが生理的にダメ。気持ち悪かった。あとは『カントリー・ロード』も気持ち悪い。はるか昔に流行った歌声喫茶なんていうモノを思い出しちゃったよ。

この作品に関しては、気持ち悪すぎてちゃんと観られなかった。もう悪夢に近い。申し訳ないけど、冷静に批評はできないくらいで。これがドラマなら、ここまで生理的な嫌悪感はなかったかもしれないけど、アニメーションだからね。そもそも、なぜアニメーションでこんなドラマをやるのか理解できなかった。

監督という人種はそれぞれのフェティッシュがあるもので、宮さんはその塊だし、僕だってそう。でも、この映画にはそれをまったく感じない。登場人物の誰もがいい人で、この人たちの欲動とかリビドーとか、どうなっているんだろうって。

――もしかしたら最後の「結婚しよう！」はその発散だったのかも？

押井 相当に唐突な終わり方だよね。本当によく判らない。作画を見ても、丁寧によくできているんだけど、淡々とした日常が芝居化されているだけで、動画の世界がもっている魔術や官能性、心が弾むようなリズム感とか躍動感がまったくない。あらゆる意味で、何でこんな映画にしようと思ったのか、意味が判らない。

ターデザインは近藤勝也。

アンディ・ラウ 俳優・製作者・歌手。61年香港生まれ。代表作に『いますぐ抱きしめたい』(88)、『欲望の翼』(90)、『神鳥伝説』(91)、『インファナル・アフェア』(02)、『LOVERS』(04)、『おじいちゃんはデブゴン』(15)等。

『小さな恋のメロディ』 71年の英国映画。11歳の少年ダニエルと少女メロディが結婚宣言する。英米ではコケたものの、なぜか日本では大ヒット。メロディ役のトレイシー・ハイドも大人気になった……日本だけで。監督はワリス・フセイン、脚本はアラン・パーカー、製作

――ということは、ジブリのなかでも異色の作品ですね？

押井　明らかに異色中の異色。面白いことに、宮さんが絵コンテまで切っているのに、宮さんの匂いがまるでしない。この作品以降、いろんな監督がジブリ作品を作ったけれど、大体が宮さんの劣化コピー。みんな宮さんの影を引きずっている。でも、この一本だけはほぼ影響を感じないんだよ。

――やっぱり近藤さんの監督作だったから？

押井　さすがの宮さんもあまり口出しできなかったのかもしれない。僕は近藤さんとは直接の付き合いはまるでなくて、会ったら会釈するくらい。でも、彼が人望が厚く、みんなに慕われ、宮さんも一目置いていたことぐらいは知っている。アニメーションの世界で近藤さんを知らない人はいないから。

――近藤さんは98年に亡くなられていますね。

押井　だから、本人がどうこの作品と向き合ったのか、その辺のことはもう判らない。でも、たとえいざこざがあったとしても、口にはしなかったんじゃないかな。職人だったから。

はデヴィッド・パットナム。

『カントリー・ロード』『故郷に帰りたい』のこと。米国のシンガーソングライター、ジョン・デンバーの大ヒット曲。原曲は故郷を想い、故郷に帰りたいと願う歌詞だが、本作で使われている鈴木麻実子の歌詞はもっと前向きで、故郷を振り返らず、前に進もうというまったく異なる内容。ストーリーに合わせて変更したようだ。

コピー品ですが、65億！『猫の恩返し』

自分の時間を生きる？

――『耳をすませば』に次ぐ宮崎&高畑監督以外のアニメーション『猫の恩返し』です。**森田宏幸**監督の作品で、『～すませば』のヒロイン、月島雫が猫の男爵バロンを主人公にして書いた物語という裏設定があるようです。

押井　猫好きから見るとどうなんですか？

――生意気なデブ猫はよかったです。

押井　僕もあのデブ猫はよかったけど、あとの猫はことごとく気に入らなかった。

森田宏幸（もりた ひろゆき）
アニメーター・アニメ監督。64年福岡県生まれ。『老人Z』(91)、『走れメロス』(92)等の原画を担当。ジブリ作品では『山田くん』(99)、美術館の短編『コロの大さんぽ』(02)の原画を手掛け、『猫の恩返

STORY
柊あおいが書き下ろしたコミック『バロン 猫の男爵』が原作。車に轢かれそうになった猫を助けた女子高校生の吉岡ハル。なんと助けられた猫は猫の国の王子・ルーンで、その恩返しとして猫の国に招待される。しかしそれは国王の罠だった。

キャスト：池脇千鶴　企画：宮崎駿
原作：柊あおい　脚本：吉田玲子
監督：森田宏幸　製作プロデューサー：鈴木敏夫　公開日：2002年7月20日　上映時間：約75分　興行収入：64.6億円　キャッチコピー：猫になっても、いいんじゃないッ?

※『ギブリーズ episode2』と同時上映

バロンなんてどこがいいのかさっぱり。何度もテーマみたいに「自分の時間を生きる」という言葉が出てくるけど、その意味は判った？

——いえ、まったく。何なんでしょう。

押井　「自分の時間を生きる」ということをテーマとするなら、その内実を描くのが映画でしょ？　でも、全然描かれてないじゃない。だいたい主人公の女子高生が日常に不満を抱いているとも思えなかった。「自分の時間を生きてない」と感じているとも思えない。物分かりのいい母親がいて、父親はいなかったけれど、なぜいないかは判らない。写真1枚出てくることもなく、不在というわけでもなさそうだ。なぜなら、不在すら描いてないから。僕はそれ、いつも厳密に描き分けているから。「登場しないことと不在であることは別だ」ということ。これは重要ですよ。

それにあの女子高生、自分でどんどんダメなほうに行っているだけじゃない。そういうのはドラマとは言いません。必然性というものが何もないから。必然性に導かれるからドラマになるわけじゃない？　でも、この女子高生は成り行き任せで、しかも悪いほう悪いほうへと行くばかり。それは自分自身の責任だよ。そ

し』を監督することになったといわれている。劇場作品の監督はこれが初。その後も『ゲド戦記』や『かぐや姫』で原画を担当。

の挙句に「自分の時間を生きる」って何だよと言いたい。このテーマは明らかに後付けで、ひと言で言うと、でき損ないのファンタジーです。

――言っちゃいましたね。

押井　それで終わっちゃうんだよ。いろいろとファンタジー風の設《しつら》えはしているんだけど、肝心な主人公の動機すら判らないって何なんだと言いたい。

そもそも彼女、別に猫が大好きってわけでもないでしょ？　たまたま車にはねられそうな猫を救うんだけど、その行為がもう命がけ。大好きというわけでもない猫をなぜそこまでして救うのかという疑問がわいてきてしまう。

――子供の頃、ノラの子猫に魚の形をしたクッキーをあげただけですね。

押井　それを本人もすっかり忘れていて、母親に言われて思い出す。しかもその子猫が最後に登場して、王子と結婚する女官だ、お使いだとか言うから、これもまた後付け感がある。女子高生にアドバイスする不思議な声も彼女でしょ？　その辺にもかなり無理があるよ。

――猫は普通、クッキー食べませんけどね。たとえそれが魚の形をしていても。

押井　食うわけないじゃん。そういうところを見ると「監督は決して猫を好きじゃない」と思うよね。

――まあ、疑問だらけですよね。デブ猫の案内でバロンに会いに行った不思議な町も、カラスとデブ猫、バロンしかいない。ここは何なのか、まったく判らない。

押井　そのデブ猫を追いかけながら街の路地や塀、屋根を越えて行くんだけど、もっと面白くなりそうなシチュエーションなのに全然そうはなっていない。

ある意味で言えば**『不思議の国のアリス』**なんだよ。身体が小さくなったり、狭いところに無理やり入ったり。登場する猫たちはみんなクレイジーだし、あの王様なんて『アリス』のハートの女王みたいなもんでしょ？　でも、『アリス』の主人公は小さな女の子なんだよ。小さな子供だったら好奇心だけで不思議な動物を追いかけるという設定に納得がいくけど、本作の場合は高校生だから何か動機が必要になる。普通はそれが日々の不満だったり悩みだったりするわけなんだけど、それがまったく見当たらない。

見せつけられたブランド力

――でも、猫好きなら猫の国、行きたくなりますよ。なので私は、女子高生のハ

『不思議の国のアリス』　英国の作家ルイス・キャロルによる1865年のファンタジー小説。ディズニーのアニメ、ヤン・シュヴァンクマイエルによるモデルアニメーション等をはじめたくさんの映像作品があり、その影響が顕著な作品も『マトリックス』(99)等多数ある。

ルが猫の国に行くのは別にヘンだとは思わなかったけど。

押井　普通のお客さんは、騙されようとして映画館に行くから、そのことに疑問をもたない。『**ダイ・ハード**』と同じだから。

――なぜ『ダイ・ハード』なんですか？

押井　「またマクレーン刑事は巻き込まれてしまいました」というだけで、何の説明もないけど、観客はそれで疑問を抱かない。だって、それこそが『ダイ・ハード』のお約束だって観客は知っているからだ。

　でもさ、『～恩返し』の場合、テーマは「自分の時間を生きる」なんだよ。『ダイ・ハード』のように**ブルース・ウィリス**のアクションを観てスカッとする映画とは違うんだから、そこはちゃんと責任をもたなきゃいけない。それができないなら、テーマがあるふりをするなと言いたい。

――そもそも、ハルがどんな性格なのか、どんな生活を送っているのかよく判らないのでストーリーが混乱するんじゃないですか？

押井　僕たちの言葉で言うと心理線というものが通ってない。心理のライン、そこに説明がない。だから「なんでそっちに行くの？」「なんでそっちを選択する？」


『ダイ・ハード』

　88年の米国製アクション映画。NYからLAにやってきた刑事マクレーンがビルを占拠したテロリストたちとたったひとりで戦う。伏線を丁寧に拾っていった脚本が秀逸で世界中で大ヒットした。シリーズ化され全部で5本作られた。マクレーンはなぜかいつも事件の起きる場所にいて、なぜかいつも闘い、なぜかいつも生き延びるという設定になっている。

ブルース・ウィリス
　俳優・プロデューサー・シンガー。55年ドイツ生まれの米国人。TVシリーズ『こちらブルームーン探偵社』（85～89）で人気者に

「なんでそういうセリフを言うの？」ということになってしまう。物語の流れを作るために、全部強引にエピソードを並べているだけ。本当ならひとつひとつ説得して行かなきゃ映画にはならないのに、それを全部放棄しているから、最後に彼女が突然バロンに向かって「あなたのこと、好きになっちゃったかも」なんてセリフが吐ける。確かにスーパーマンかもしれないけど、さっきまで「猫のお嫁さんはイヤ」って言ってましたよね？　とツッコみたくなる。

それに、技術的な面を見ても、動画の官能性はないし、猫の動きも感心しなかったし、あらゆる意味ですべて減点。いいところをあげるなら、ブタ猫だけです。

――丹波哲郎が声を担当した猫王も面白かったですけどね。

押井　丹波哲郎が声なんて、これもトシちゃんだよ。彼のファンだったから会いたかったんじゃない？　まあ、猫王に宮さんの姿が重ならないでもないけどね（笑）。

いくら腐ってもジブリだろうと思っていたら、ただ腐っているだけだった。これはちょっと酷すぎるよ。

――でも、64億円の大ヒットですから。

なり『ダイ・ハード』で大ブレイク。代表作に『パルプ・フィクション』（94）、『12モンキーズ』（95）、『シックス・センス』（99）、『RED／レッド』（10）等。マスコミに対して愛想はよくないが、同業者や友人に対してはよきアニキ、といわれている。

押井　それこそジブリの魔法だよね。それに、鈴木敏夫の後付けテーマは成功することが多いんだけど、この作品に関しては大失敗している。にもかかわらず興行的には大成功。おそらくトシちゃん自身、「これで大ヒットするんだったら、宮さんが監督じゃなくても、ジブリブランドというだけで行けるかもしれない」と思っても不思議じゃない。ブランド力を見せつけられたってことだよ。

フェティッシュが足りない『ゲド戦記』『コクリコ坂から』

宮さんの劣化コピー

——宮崎さん、高畑さん以外のジブリ監督として近藤さん、森田さんに次いで登場したのが宮崎吾朗さん。宮崎駿さんの息子さんです。彼の2作品『**ゲド戦記**』と『コクリコ坂から』をまとめて語っていただきます。

押井　実は『ゲド戦記』には長い歴史があるんだよ。だから、ジブリで『ゲド』をやるというニュースを聞いたときはびっくりした。しかも宮さん本人じゃなく、息子の吾朗君が監督をするという。ますます驚いた。

『ゲド戦記』　米国の作家アーシュラ・K・ル＝グウィンによるファンタジー小説シリーズ。68年から01年にかけ6巻にわたって物語が綴られている。小説はアースシーと呼ばれる世界を舞台にした、魔法使いにして大賢人のゲドの生涯

STORY

『ゲド戦記』　父王を刺し国を出た王子・アレンは放浪の最中、大賢人のハイタカに誘われ、旅に同行。その途中、顔にやけどの痕を負う少女・テルーに出会う。

キャスト：岡田准一　手嶌葵　監督・脚本：宮崎吾朗　公開日：2006年7月29日　上映時間：約115分　興行収入：76.9億円　キャッチコピー：かつて人と竜はひとつだった。

『コクリコ坂から』　1963年、コクリコ荘を切り盛りする高校2年の松崎海は、学園にある文化部の部室棟“カルチェラタン”取り壊しに反対する風間俊と出会い、恋に落ちる。

キャスト：長澤まさみ　岡田准一　竹下景子　監督：宮崎吾朗　公開日：2011年7月16日　上映時間：約91分　興行収入：44.6億円　キャッチコピー：上を向いて歩こう。

——『ゲド』が作られる過程に関してはいろんなウワサがありましたよね。宮崎さんは原作の大ファンで、原作者の**ル＝グウィン**に映像化の許可を貰いにいったけど、まだ無名だったので断られた。その代わりに作ったのが『ナウシカ』だとか。

押井　それはもっともらしいけど、たぶん基本的にデマです。

——そうなんですか。じゃあその「長い歴史」を教えてください。

押井　僕が『ゲド』のアニメーション化について宮さんと話したのは、確か『ラピュタ』のあとくらい。さんざん話しまくった。で、ふたりの一致した結論が「これは映像化不可能」だったんだよ。第一巻の『影との戦い』のその「影」をどうやって映像化するのか？　おそらく無理だろうってね。だから、製作のニュースを耳にして「いまさら」と思ったんだよ。

で、僕が聞いた話は、「宮さんが吾朗君に監督を任せていいものか逡巡していたけど、吾朗君の作ったポスターの絵（主人公のアレンとドラゴンが向かい合っている図柄）を見て気が変わり、監督を任せる気持ちになった」。これもたぶんトシちゃんがでっちあげたガセ。

でも、吾朗君が監督をすることになって、宮さんがル＝グウィンに会いにいっ

を描くもの。映画版は第3巻『さいはての島へ』を中心に独自の解釈が施されている。このアニメについての詳しい感想・意見はル＝グウィンがウェブに上げたので読むことができる。

ル＝グウィン
アーシュラ・K・ル＝グウィンのこと。米国のSF&ファンタジー作家。29年米国生まれ。代表作は『ゲド戦記』のほかに『闇の左手』『天のろくろ』『世界の合言葉は森』。日本でも人気の高いSF作家のひとり。

たというのは本当らしい。

「監督はあなたじゃないんですか？」と言われた宮さんは「息子がやります。でも、必ずあなたが気に入ってくれる作品にします。もし、そうならなかったら私が責任を取る」。するとル＝グウィンが「そこまで言うのに、なぜあなたが監督をしないんだ」って。

そんな会話が交わされたらしいともいわれているよね。最後のル＝グウィンの質問に答えられないまま吾朗君が監督をしたわけだから、そのあたりからもう無理があった。

作り始めてからも、宮さんに絵コンテを見せないようにしたとか、宮さんがしょっちゅう（現場を）覗きに来たとか、これもまたいろんなウワサが流れたけど、どこまでが正しいのかは判らない。でも、それが判ったからといって映画の評価に影響があるわけではないし。

——では、ご覧になってどう思われましたか。

押井　『ゲド戦記』で驚いたのは、アレンが父王を刺すエピソードから始まったこと。もちろん、そんな話は原作にはないわけだから、そうか、吾朗君は初っ端ではっきり「父親殺し」を宣言したんだと思ったんだよ。つまり、「私はここで独立する」と言ったんだってね。

——あれは驚きでしたね。私も原作が大好きだったのでショックでした。しかも、それだけ大胆なことをやっているのに、結局は作品に役立ててなかった。

押井 そうなんだよ。物語はそっちには行かず、極論すればアレンは田舎で農業をやっているだけ。それに、父王を刺したものの、殺したという描写はない。それも曖昧なんだよね。

僕は吾朗君と対談したことがある。各界の二世クリエーターと僕が対談するという某雑誌の企画で、僕がまず彼に聞いたのもその「父親殺し」のことだった。「なぜとどめを刺さなかったんだ。あんたにしかできないのに」と投げかけてみた。「父親を殺せ。そうしないと監督にはなれない。それは二世の宿命。同じ監督という職業を選んだ以上は、宮さんを殺せ。さもなくば、あんたはいつまでたっても〝宮崎駿の息子〟と呼ばれ続ける」。そういう感じで挑発したんだよ。

何て答えたと思う?「僕は父親を監督として尊敬してます」だよ。まあ、そのとき会った二世の多くはそう言ったけどさ。

――一応、無難にそう言っちゃうんじゃないですか。

押井　もちろん、尊敬しているでも構わない。同じ表現者としてリスペクトするのは当然だろう。だけど、僕が言っているのは、監督として作品を作るのなら、父親を殺すくらいの覚悟が必要だということだよ。

監督というのは、たとえそれが安い映画であってもみんな対等であるべきだから。監督って基本的にはアナーキーな職業で、自分以外の権威なんかを認めた瞬間、監督でも何でもないヤツに成り下がってしまうんだよ。ましてや吾朗君の場合、宮崎駿の息子という呪いは一生ついて回る。だったら潔く殺すしかない。だからこそ「さっさととどめを刺せ。あんたしかできないんだから」になる。

――押井さん、自分では殺せないから吾朗さんに殺させようとしてません？

押井　だって、彼しか殺せないんだよ？　おそらく宮さんも、出来上がった『ゲド戦記』を観て安心したんじゃない？「なんだ、吾朗はまったく俺の脅威じゃないじゃないか」ってさ。

僕にだって宮さんの気持ちは判るよ。自分の子供が同じ職業を選んだら、そういう葛藤が生まれるのは当然。僕はラッキーなことに息子はいなかったし、娘は監督になる気は毛頭ないわけだから。

――結局、吾朗さんとの対談は面白かったんですか？

押井　いや、かみ合わなかった。僕が挑発していることには気づいたみたいだけど、最後までそれに乗ることはなかったよね。ただ、面白いなと思ったのは「監督として尊敬している」という言い方。つまり、父親としては尊敬してなかったということだよ。

――そもそも父親殺しネタを入れたのは吾朗さんのアイデア？　それとも……。

押井　もちろん、誰もがそこに鈴木敏夫の影を感じるわけだ。少なくともけしかけたことは間違いない。トシちゃんのずるいところは、そうやって暗にほのめかすんだよね。僕は吾朗君に「殺すべきだ」と面と向かって言ったけど、トシちゃんはそういう空気を醸成したに決まってる。「父子の対決」にすれば、話題にもなるから、世間に対しても何となく匂わせた。

――でも、成功しなかった。

押井　うん。鈴木敏夫の思惑通りには運ばなかった。作品の出来はともかく、吾朗君にそのつもりはまったくなかったから。

――で、映画としてはどう観ました？

押井　語ることはほとんどないよ。ありていに言ってしまえば〝宮さんの劣化コピー〟。たとえば表情とか、同じでは済ませないというような意志がまったくなかったとは言わないし、後半は全然ジブリっぽくはなかった。でも、それがよかったかというと、これもまた全然よくなかった。

――クモと戦うシーン？

押井　うん。あそこは突然、松本零士みたいになっちゃった。そもそもキャラクターの統一が取れてない。

やっぱりさ、設定が全然足らないんだよ。宮さんの作品と比べたら桁違い。宮さんの百分の一しかない。それでいてパースは全部宮さん。これをどう評価すればいいんだよって。しかも音響はうるさいだけで最悪だしさ。ひとつだけ確信したのは、吾朗君に関しては、２本目からが勝負だということだよ。

トシちゃんの送りたかった青春

——宮崎吾朗さんの監督2作目が『コクリコ坂から』。原作は『なかよし』に連載されていた佐山哲郎(原作)と高橋千鶴(作画)の少女漫画ですね。

押井　『コクリコ』は、宮さんの作品でもなければ吾朗君の作品でもない。鈴木敏夫の作品。彼がかくありたかった青春の物語です。

——ということは鈴木さんは、ヒロインの海ちゃんが好きになる風間俊ですか?

押井　言うまでもないでしょ。あのハンサム君ですよ。おそらく舞台設定もトシちゃんの年齢に合わせて変えていると思うよ。しかも、彼らが直談判に行く徳丸書店は、ジブリの前にトシちゃんが在籍していた徳間書店。入り口なんて新橋にあったビルを模しているとしか思えないし、徳丸理事長は徳間康快にそっくり。間違いなくトシちゃんの青春です。

——確かに、この高校生たちは1963年に16歳くらいですから、48年生まれの鈴木さんとはほぼ同い年になりますね。

押井　ついでに言うと、その俊の友人の生徒会長もおそらくトシちゃん。トシちゃんが、かわいくってしっかり者の女の子と出会い、ビンボーでいたかったという、いわばトシちゃんの自伝的ファンタジー。もっと正しく言うと、「トシちゃんの送りたかった青春」です。トシちゃんはお坊ちゃまの慶応ボーイだけど、徳間に入ってやさぐれた。ビンボーな家庭にコンプレックスがある戦後インテリです。そういう点では学習院出のお坊ちゃまだった宮さんと同じだよね。

――でも、後半の「もしかしたらふたりは兄妹かもしれない」という展開は、使い古された少女漫画の世界ですよ。

押井　だって原作は少女漫画じゃない？　僕もこの漫画は読んでいて、『ラピュタ』の頃だったかはっきりしないけど、みんなで宮さんの別荘に泊まっていたとき、退屈して回し読みしていたの。みんなというのは、僕に庵野に**山賀**、もしかしたら**真宏**もいたかもしれない。みんな「なんだか胸があったかくなるなあ」とか「これで安らかに眠れる」とか言っちゃって。その頃から宮さんは「『コクリコ坂から』をやりたい」と言っていたから、かなり長い間、この企画を抱えていたことになる。ホント、宮さんも僕と同じように執念深い（笑）。

――原作は、そんなに長い期間、温めるほど面白い漫画なんですか。この作品を観る限りではそうは思えませんけど。

押井　僕も詳しくは覚えてないけど、途中から少女漫画には珍しく、高校生の学

山賀　山賀博之（やまが ひろゆき）のこと。監督・脚本家・製作者。62年新潟県生まれ。84年に監督&脚本作『王立宇宙軍 オネアミスの翼』を制作するためアニメスタジオ、ガイナックスを立ち上げた。ガイナックスの作品『エヴァンゲリオン』シリーズではプロデューサーを務めている。

真宏　前田真宏（まえだ まひろ）のこと。アニメーター・アニメ監督・漫画家。63年鳥取県生まれ。原画マンとして『ナウシカ』『ラピュタ』『ぽろぽろ』『豚』に参加。庵野秀明や樋口真嗣と交友が深く『ヱヴァンゲリヲン新劇場版：Q』

生運動みたいな話になっていた。でも、映画のようにバンカラな感じの高校生が出てきたり、理事長に直談判に行ったりはしないはず。だから僕も「なんでこんな映画に？　何でトシちゃんのファンタジーに⁉」と驚いたんだよ。

でもさ、トシちゃんの青春を描くためだけに舞台を1963年に変えているから、ドラマと舞台が見事に分裂しているんだよ。なぜ現代ではなくてこの時代なのか？　団塊の世代に向けて作ったのか？　その辺の理由も一切判らない。一番の大きな問題は、その時代を生きたのは監督の吾朗君じゃないということ。そのせいで映画に〝監督の確信〟がなくなってしまった。

——舞台は東京オリンピックの前年ですよね。こういう時代にこだわりのある押井さんから見ていかがでしたか。

押井　東京オリンピックの前なら東京は当然、建築ラッシュのはずなのに、そういう描写は一切ない。63年ということが判るのはオリンピックのポスターの存在だけ。やはり、吾朗君が原風景としてその時代を生きていないからだと思うよ。

——監督が吾朗さんだとはいえ、ヒロインの女の子は宮崎さん仕様と言えるほど健気ですよね。まだ高校生なのに、買い物をして、みんなのご飯を作り洗濯しと、

の監督（12）、『シン・ゴジラ』（16）ではゴジライメージデザインを担当している。また『マッドマックス　怒りのデス・ロード』（15）でもデザイナーとして参加している。監督作にOVAの『青の6号』（98～00）、『アニマトリックス　セカンド・ルネッサンス　パート1・パート2』（03）、TVシリーズ『巌窟王』（04～05）がある。

本当によく働く。誰も手伝ってくれなくたってグチひとつこぼさない。

押井　彼女も宮さんの大好きなタイプ。かいがいしく働くかわいい女の子。でも、ただいい子というだけで、何の魅力もない。そもそも善人しか出てこないというのも問題。あの徳間康快もどきのキャラクターもめちゃくちゃいいヤツじゃない？　そのおかげで映画がツルツルになっちゃった。あとはやっぱりフェティッシュ。それが足りなさすぎる。これは監督としても弱点になるから。そのせいで人間関係やその描写も、すべてがサラっとしすぎちゃったんだよ。

――そういう部分にひっかかりがないから、ますます〝鈴木化〟が気になる？

押井　「気になる」なんてレベルじゃないから。この映画のトシちゃんの「私物化」はあまりに酷すぎる。『魔女宅』で娘に捧げ、今度はついに自分に捧げている。頭がおかしくなっちゃったんじゃないかと思ったくらいだよ。

――鈴木さんの監督作でもないですしね。

押井　まだそれが、社会的なテーマに結びついているなら許されるかもしれない。『魔女宅』のように、たとえ娘のために作ったとはいえ、その向こうに現代を生きる女の子の姿が見えるならまだいい。でも『コクリコ』は何もない。ただ私物化しただけです。

——『ゲド』は06年ですから、5年後に『コクリコ』を発表したことになります。監督としての吾朗さんの成長は感じましたか？

押井　感じなかったなー。それで言うと麻呂（米林宏昌）のほうが全然マシです。吾朗君には成長の気配すら感じないから。

やっぱりさ、フェティッシュがなさすぎるんだよ。現場の連中も「こんなにフェティッシュのない監督は初めて」みたいなことを言っていたし、それは見事に『コクリコ』にも出ている。何度も言うけど、ツルツルだから。

——吾朗さんって、アニメの監督はしたことないですよね。それで突然、できちゃうもんなんですか？　自分もできると思っちゃったんですかね？

押井　できると思ったかは判らない。もしかしたら鈴木敏夫にノセられたのかもしれないし。でも、もちろん、監督はそう簡単にはできません。できるわけがない。アニメに限らず、それまでに何か作ったことがあればまた違うかもしれないけど、吾朗君にそういう経験はなかったはずだから。

——そのわりには、一応、作品にはなってますよね。

押井　そりゃそうだよ。ジブリが作ったんだから。スタッフがちゃんとしていれば、監督は無能であってもアニメーションは成立します。ただし、出来上がったものは監督の作品にはならない。それは当たり前。

そもそも、吾朗君に監督を任せた時点で、アニメーションを舐めているとしか思えない。鈴木敏夫だよ。これだけ長いことアニメーションの側にいて、それが判らなかったとするなら、それこそ鈴木敏夫の限界です。

――結局、新しい監督を求めたものの、次々とダメになって、さすがに息子なら宮崎さんもうるさくは言わないだろうと考えた？

押井　もちろん、いろんな思惑があったんだと思うよ。プロデューサーとして、宮さんと延々と付き合った人間として、吾朗君がどこまでがんばれるか、それを見たいという個人的な気持ちもあったんだろう。いろんな興味と思惑があって成立したことだよ。

ただひとつ、トシちゃんが理解していなかったのは、アニメーションの監督がいかにして機能するのか。

――それって、もっとも重要なことじゃないですか？

桑田佳祐（くわた けいすけ）
シンガーソングライター。サザンオールスターズのリーダー＆ボーカリスト。56年神奈川県生まれ。その唯一の監督作は『稲村ジェーン』（90）。〝ジェーン〟というビッグウェーブを待つサーファーたちの青春を描く。興行的には18億円を記録して

押井　そうです。アニメーションの監督になるための必要不可欠な条件は〝フェティッシュ〟なの。フェティッシュなしに、画を動かして映画を作るなんてめんどくさい仕事、できるわけないじゃない。アニメーションの監督には、もれなくフェティッシュはあります。

実写の監督は、素人でも成立する場合はある。日本でもミュージシャンや作家が突然、実写映画の監督をしたりするけど、現場さえちゃんとしていればできないことじゃない。しかも、ある程度なら自分の思惑を反映することもできる。まあ、だからといっていい作品ができるわけでもないのは、**桑田佳祐**や**小田和正**が証明しているけどね。

でも、アニメーションでは無理。アニメーションは、作っている人間の身体性の産物だから。フェティッシュがマストと言っているのはそのためなんです。吾朗君の作品も一応はアニメーションのていをなしてはいるけど、彼の作品にはなっていないということだよ。おそらく、そういうことは本人も判っているんじゃないかな。

ヒット作となったが、評価は低かった。

小田和正（おだ　かずまさ）
シンガーソングライター。47年横浜市生まれ。オフコースのリーダー&ボーカリストを務め、その後ソロに。第1回監督作は『いつかどこかで』（91）。理想に燃える若き建築家がひと目惚れした女性を追い求める物語。脚本・音楽も小田和正。監督2作目は『緑の街』（98）。人気ミュージシャンが映画を作るという実体験に基づいた物語。本作は映画会社による公開ではなく、全国のホール等で上映するという形式をとっている。こちらも脚本・音楽を兼任。

縛られて、そして抵抗する『借りぐらしのアリエッティ』『思い出のマーニー』

これも宮さんの劣化コピー

――宮崎吾朗さんに続いてジブリ監督として白羽の矢が立ったのが**米林宏昌**さんですね。『もののけ姫』から宮崎さんの作品の原画マンをやっています。

押井　麻呂の作品は『借りぐらしのアリエッティ』と『思い出のマーニー』があるけど、彼の場合も、その2本を一緒に語ったほうがいいと思う。というのも、麻呂はちゃんと進化しているから。『アリエッティ』と『マーニー』を比べたら、明らかに『マーニー』のほうがいい。語るに足る作品になっているから。

米林宏昌（よねばやしひろまさ）
アニメーター・アニメ監督。73年石川県生まれ。96年にジブリに入社し『もののけ』『山田くん』等の動画、『千と千尋』『ハウル』『ポニョ』『風立ちぬ』等の原画を担当した。『アリエッティ』で初監督。14年12

STORY
『借りぐらしのアリエッティ』　人間の家の床下に住む小人たち。「人に見られてはいけない」のだが、小人の少女・アリエッティはその姿を、12歳の少年・翔に見られてしまう。

キャスト：志田未来　監督：米林宏昌　公開日：2010年7月17日　上映時間：約94分　興行収入：92.6億円　キャッチコピー：人間に見られてはいけない。

『思い出のマーニー』　両親を亡くし、養母とも距離をとる少女、杏奈。療養にやってきた親戚の住む村で、"湿っ地屋敷"を発見。住人の少女マーニーと親友になる。

キャスト：高月彩良　監督・脚本：米林宏昌　公開日：2014年7月19日　上映時間：約103分　興行収入：35.3億円　キャッチコピー：あなたのことが大すき。

『マーニー』ってさ、明らかにジブリの物語のパターンから言ったらいつも通りではあるんだよ。でも、パターン通りというところから出発しても、『アリエッティ』とは違う作品になっている。『アリエッティ』はほとんど語るに足りない作品。ひと言で言うと宮崎さんの劣化コピーです。

——押井さん、また「劣化コピー」って言ってますよ。

押井　その言葉しか思いつかないよ。パターン通りやろうとして、ものの見事に失敗した『猫の恩返し』よりはマシ、というくらい。もっと違う言い方をすると「宮さんの呪い」がかかったハンパな作品。

——『アリエッティ』の原作は**英国のファンタジー小説**で、私は大好きだったんです。それをわざわざ日本に置き変えているんですが、小人たちはまんま英国人というか白人系。日本になんで白人の小人が？　という違和感がありますよね。

押井　これもヨーロッパのファンタジーが大好きな宮さんの企画にはちがいないんだけど、問題のひとつはその部分だよね。オリジナル通り英国を舞台にすればいいのに、なぜわざわざ日本に変えたのか。少なくとも宮さんはどこが舞台であってもオッケーだったはず。『豚』ではイタリアを舞台にしてるんだからね。

月にジブリを退社し、スタジオポノックを設立。その長編第1作が『メアリと魔女の花』(17)。「麻呂」はニックネーム。

英国のファンタジー小説
『床下の小人たち』のこと。英国の作家メアリー・ノートンの『小人の冒険』シリーズの第1巻。原作の主人公の名前もアリエッティ。小人たちの生活ぶりが細かく描かれ、それがとても魅力的。原作の人気から英国では何度もTVドラマ化されていていくつものバージョンがある。97年にはハリウッドで実写映画化され、日本では『ボロワーズ／床下の小さな住人たち』というタじゃあ、誰が変えさせたのか？　言うまでもなく鈴木敏夫だよ。トシちゃんが「絶対、日本が舞台じゃなきゃダメだ。そうじゃないと観客の心をつかめない」なんてことを言ったんだと思う。でも、無理やり日本にしたことで、いろんなところが破綻している。

そもそも「アリエッティ」って何よ？　ってことでしょ。どう見ても白人の小人なわけだから、彼らはどうやって日本に定住したのか？　以前はイギリスにいて密航して日本に来たのか？　それが本当ならなぜそこまでして日本に来たかったのか？　あるいは、何かの偶然で日本に来てしまったのか？　そういう答えを用意しなきゃいけないのに、見事に何もない。なぜなら、それだけでもうひとつのドラマになってしまうから面倒臭かったんだよ、おそらく。

「どうせファンタジーだから、（細かい点は）いいや」なんて考えたのかもしれない。というか、そうとしか考えられない。でも、それは僕に言わせると、ファンタジーとは呼ばないの。寺山修司の言葉に「虚構というのは、虚構と現実の二通りがあるんじゃないんだ。現実の原則に基づく虚構と、エロチシズムに基づく虚構のふたつがあるだけなんだ」というのがあるけど、ファンタジーはそういうもの。

イトルでソフト化された。

ファンタジーは現実との対立物ではないんだから、何をやってもいいというのは大きな勘違いなんだってね。ファンタジーにも約束事がちゃんとあるんだよ。

――それを見事に映像で見せてくれたのが**ピーター・ジャクソン**でしたね。

押井　そうです。**『ロード・オブ・ザ・リング』**でジャクソンは、完全に違う世界の話をするために、その舞台である「中つ国」を緻密に作り上げた。ファンタジーに関わろうとする人間の常識ですよ。

――ということは、そういう常識がなかったってことですね？

押井　そうです。そういう常識を平然と無視できるのが鈴木敏夫だから。

――というか、鈴木さんはファンタジーに興味がないのでは？

押井　まったくない。リアリストだからこそ、平気で物語を捻じ曲げることができる。だから観客はアリエッティの出自も気になれば、「借りぐらし」って何だよという疑問を抱いてしまうんだよ。

あの一家は「借りてる」んじゃなくて「盗んでいる」じゃない？　これが原作通り英国が舞台だったら「借りる」という行為に真実味が出る。英国やヨーロッパには貴族のような有産階級がいて、彼らに寄生して生きている人たちがいる。農

ピーター・ジャクソン　監督・脚本家・製作者。61年ニュージーランド生まれ。初の長編『バッド・テイスト』(87)で話題となり、『乙女の祈り』(94)でヴェネツィア映画祭銀獅子賞受賞。トールキンの『指輪物語』の映画化『ロード・オブ・ザ・リング』(01～03)を原作通り3部作で作りファンタジーブームを起こす。その後、『指輪物語』の前日譚に当たる『ホビット』(12～14)を〝もしトールキンが『指輪』のあとにこれを書いていたら〟というアプローチで映画化。こちらも3部作にしてそれぞれ大ヒットさせた。その他の作品に『キング・コング』(05)等。

民たちも土地を「借りて」生活しているから、そういう「借りる」という行為に社会的認知があるの。でも、それを日本にもってくるとバックグラウンドがなくなって、単なるかっぱらいになっちゃう。夜な夜な人間の部屋に忍び込んで、いろいろとかっぱらいつつ生活している家族だよ。しかも、娘のアリエッティは、そのかっぱらいをやりたくって仕方ないんだから！

僕は彼らに違和感しかもたなかった。日本人の家に寄生している、国籍不明の怪しい小人一家。職業はかっぱらい。途中、まるでジムシー（『未来少年コナン』に登場する少年）のような野生児ふうの小人少年が登場するじゃない？　彼とアリエッティ一家との差が大きいのにも驚いたよ。片や優雅にハーブティを飲んでいるのに、ジムシーはコミュニケーションさえあやふやで原始人な感じなんだから。交渉がなかったとか言っているけど、同じ種族なのか、そもそも小人にはいろんな種族があるのか……もう謎だらけ！

——小人たちを捕まえようとする家政婦のおばさんの邪悪っぷりにも驚きますね。気持ち悪いくらいだった。

押井　あのキャラクターも謎。表情も邪悪だし、おばさん、あんたは一体何を考

『ロード・オブ・ザ・リング』
　トールキンの原作『旅の仲間』『二つの塔』『王の帰還』をそのまま映画化。原作の舞台である〝中つ国〟をリアルに創造し、ファンタジーのスタンダードを一気に格上げしてくれた。最後の章『王の帰還』はオスカーレースで、作品賞、ジャクソンの監督賞・脚色賞をはじめ11部門を受賞した。

えているんだ？　だよ。少年で「君たちは滅びゆく種族なんだ」なんて言い出すし、もう登場するキャラクターがデタラメ。

――宮崎さんのストーリーも破綻してましたが、ここまで酷くなかったと思いましたね。

押井　なぜ、その破綻がここまで気になるのか？　それこそディテールのマジックが明らかに不足しているからですよ。それが宮さんとの違い、「劣化コピー」と言われてしまう所以なんだよ。

――「コピー」と言っていいのか判りませんが、またも洋館が舞台で、少年は療養中でしたね。

押井　今回は多摩の洋館に心臓病の静養のために来ている。『マーニー』にも洋館が出てきてヒロインは喘息の療養で札幌から田舎に来ている。これはもうフェティッシュに近い。病気を抱えた子供、もしくは母親。そして洋館だよね。ジブリというか宮さんの洋館趣味ももうフェティッシュの領域。宮さんは「日本の建売住宅を舞台にして何ができるんだ」なんて言うだろうけど、僕はいつも四畳半のボロアパートでやっていたクチですから。とはいえ、建築物に関しては宮さんに借りがあるんだよ。

――もしかして影響受けたとか？

押井　建築に興味をもったのは、宮さんと付き合ったから。なのでしばらくは必ず建築を意識して作品を作っていた。いまはもうやめたけど、しばらくはイタリア風の農場とか、英国風の館とか、そういうんじゃないところでやってみようって。

――宮崎さんとは別のところで勝負したかったんですか？

押井　いまさら宮さんと同じことをやってもしょうがないし、そもそも僕の好みじゃない。『パト1』のときは**看板建築**とか、日本独自の和洋折衷建築をバンバン出してみた。それは宮さんの影響だったから。

麻呂は本気だ

――へー、そうだったんですね。

押井　で、話を元に戻すと、確かに『マーニー』にもそういうジブリ印というか宮崎印は出てくるんだけど、少なくとも麻呂が『アリエッティ』の二の舞になら

看板建築　関東大震災後、住居併用の商店が用いた日本独自の建築様式。建物の前面にモルタル等で装飾を施している。『パト1』に登場するシゲさんの下宿・久保商店がこの看板建築。モデルは築地に実在する「ナンデモヤ」という店。

ないようにしたことは、ちゃんと伝わってきた。「2本目を作る機会があったら、自分はどうやろうか」それをちゃんと考えている。

僕もその気持ちは経験者だからよく判るんだよ。『**うる星1**』のあと『うる星2』を手掛けることになり、これをどう作るべきなのか。やっぱり自分の思い込みと呪縛から解放されない限り、次には行けないと思ったからね。

麻呂も、もう一回『アリエッティ』をやってどうするんだ。もしそれを繰り返したら、宮さんの影武者でしかない。自分が監督として作品を世に問う以上は、監督としての責務を果たそう……そんなことを考えた、おそらく。たとえ鈴木敏夫が何を言おうが関係ねえ、そう腹をくくったんだよ。

――『マーニー』のどういう部分にその気概を感じるんですか?

押井　やっぱり主人公の杏奈のキャラクターだよね。冒頭の彼女は宮さんがもっとも嫌うタイプ。どんより暗くてウジウジしていて、何か言われると突然キレたりする。もし宮さんが彼女を描けば、始まって5分でいい子になってますよ。

――ああ、千尋ちゃん(笑)。

押井　でも、麻呂はそうはしなかった。いい加減な人間描写をする気はない。誰

『うる星1』
『うる星やつら　オンリー・ユー』(83)のこと。押井の長編アニメ第1作。かつてあたると婚約していたという少女エルの登場で繰り広げられるドタバタラブコメディ。原作者・高橋留美子は絶賛したと言われている。公開時の併映作は相米慎二の『ションベン・ライダー』だった。

もが納得できるようにこの少女の変化を描くんだ。そう決心して異様に手間暇をかけた。最初はまずそうにご飯を食べていた彼女が、元気いっぱい目玉焼きを切ってご飯を頬張るところまで、たぶん50分くらい。あれだけ葛藤が激しくて、コミュニケーションが上手に取れないヒロインはジブリでは初めて。だから「麻呂はホンキだ」って思ったわけだよ。

――でもこれも、**原作**は英国で書かれた小説ですよね。それをまた日本を舞台に翻案している。

押井　ジブリでやる以上、それは避けられない。だからせめてもの抵抗ですよ。で、僕にしては珍しく、その原作が気になった。麻呂がどこまで翻案しているのか、彼の監督としての判断はどうだったか知りたくて、検索してみたんだよ。

――どうでした？　この物語、結構複雑ですよね。

押井　原作通りだった。マーニーは杏奈の死んだ婆ちゃんで、子供の頃、眠る前に母親に聞かされていた話を断片的に覚えていたから、初めて会った気がしなかった。突然、マーニーが消えたりするのは、そこから先を聞いてなかったから。要するに記憶の反芻だったということだよね。でも、それは文字で書かれた世界

原作　英国の作家ジョーン・G・ロビンソンの同名児童文学。舞台は英国ノーフォーク州の架空の村。孤独を抱える少女アンナがマーニーと出会って人を愛すること、愛されることを知る物語。

では成立するけど、映画でその理屈は通用しない。あの赤ちゃんが、婆ちゃんの話を記憶しているはずはないから。

――最後に、そういう種明かしをするわけですが、その表現はちょっと演出として貧しい感じでしたしね。

押井 だからもっと原作を翻案して、マーニーは完璧に杏奈の脳内幻想、イマジナリーフレンドだったというくらいのほうが、よっぽどいい話になったんじゃないかと思ったけどね。そうすれば、中途半端なマーニーの婚約者とかいう日本人の青年を出す必要もないし。

――中途半端なキャラクターといえば、あの船のおっさん。何も喋らないという意味ありげな設定ですが、最後まで別に何もなかったですよね。

押井 あのおっさんがボートを漕いでヒロインを、マーニーがいる向こう岸の洋館に連れて行く。あれは三途の川のイメージだよ。

――また三途の川ですか。ジブリアニメ、三途の川、多すぎじゃないですか？

押井 だってそうでしょ。言ってみればマーニーは幽霊ですから。あの子にしか見えない幽霊ですよ。いっそのこと、そういう幽霊譚にしてしまうのも手だったんだけど、そうはしなかったので整合性を図るため、いろんな無理をやらなきゃいけなくなった。突然、昔の写真が出てきたり、養育費の話になったりと、無理が次々と噴出してくる。これが原作通り、英国を舞台にしていたら、ここまで無理する必要はなかったと思うよ。やっぱり無理やり日本に置き換えるからワケが判んなくなってしまう。鈴木敏夫は作品は成立させたけど、作品の説得力は成立させていないから。杏奈の悩みの原因も説得力ないしね。

——杏奈がお世話になる田舎の家の親戚夫婦。彼らもジブリっぽいですよ。

押井　あの夫婦は、それこそ宮さん好みのナチュラリストで職人。でも、どうやって生活しているのかはいまいち判らない。手作りの土産物を売っているのか、それとも本当の芸術家なのか。まあ、宮さんの好きな職人なんだろうけどさ。

そういう意味ではジブリの記号はたくさんある。スイカを食べたり、トマトを切ったり、目玉焼きを作ってみたり、ジブリの記号が満載だけど、明らかに一歩踏み出そうという意志は伝わってくるよ。

——成功してます？

押井　成功しているとは言えない。つまり、大胆さがないから。原作に引きずられてしまったという感じかな。最後のほうは、ただの答え合わせになっちゃってるし。伏線もなしに突然、写真を見せたり髪留めに意味をもたせたり。もっと思い切って、そういうところをばっさり切っちゃえばよかったのにと思うよね。

宮さんが激怒してもいい。だったらケンカしろと言うの。ジブリで監督をやる限り、宮さんとの衝突なしに監督業が成立するわけがないんだから。

——画はどうでした？

押井　好みで言うと、僕の好みではない。でも、ジブリの絵柄から離れてみようという意志は、少しだけど感じるよ。『マーニー』は、まだ劣化コピーではあるものの、少しよくなっている。半歩前進くらいかな。監督として共感できる部分があるし、割と好意的に観ることができた。

何度も言うけど、やっぱり捨て身になって宮さんとケンカしなきゃ。宮さんみたいな怪物とやりあうためには、そういう大胆さが必要なんだよ。そうじゃなきゃ監督として自立できないから。それは吾朗君のときにも感じたんだけどね。

——怪物とやりあうのは勇気が必要だし。

押井　だからみんな、ことごとく逃げ出しちゃったわけじゃない。ジブリに出入りしていたいろんな監督が逃げ出した。細田守、そして僕もだよ。

――でも、細田さんのアニメーションはちょっとジブリっぽくないですか？

押井　彼はコピーの天才だから。別に悪い意味じゃないよ。コピーであっても天才なんだからさ。いまの日本の映画界で言ったら貴重な才能ですよ。

――押井さん、庵野監督のことも「コピーの天才」って言ってましたよ。

押井　庵野は細田君より上。庵野に比べれば細田君はまだまだ。頭のほうは細田君のほうがちょっといいと思うけど、庵野には強烈なリゴリズム（厳格主義）があるから。そういう意味では監督としては、庵野のほうが向いているだろうね。

――声優はどうでしょう？

押井　声優？『マーニー』に限らず、ジブリ作品の声優にはほとんど意味がない。もはやそれは悪い伝統みたいなものですから。「さすがにこの人だな」と思ったのは『もののけ』でエボシを当てた田中裕子くらい。ジブリアニメで声は意味をなしてませんから。

――じゃあ押井さん。宮崎さん、高畑さんの監督作を除いたジブリアニメでいいと思ったのは？

押井　近藤（喜文）さんの『耳をすませば』かな。あの作品だけは、ジブリの呪縛をほとんど感じなかったから。

――それは意外です。だって『カントリー・ロード』ですよ？

押井　そうであってもだよ。ただし、面白いかと言われると、そんなことはないし、もう一度観たいとも思わない。別に好きじゃないし、あの家族は気持ち悪いと思うくらいだけど、それでも近藤さんはジブリの呪縛には囚われていない。本気で作っているし、宮さんの言うことも聞かなかったんじゃないのかな。唯一抵抗したのが近藤さんだったということなんだよ。

ほかの連中は呪縛に打ち克つどころか、呪縛に気づいたかどうかも怪しいくらい。ただ麻呂だけは呪縛の正体に、あるときから少しだけ自覚的になったみたいだけどね。

どちらにしろ、第三のジブリ監督を育てようとしたのはトシちゃんの戦略ではあったものの、結果的にはことごとく失敗した。だからスタジオを閉めるしかなかったけれど、それは最初から判っていたことなんだよ。スタジオは監督を育てられない。アニメスタジオは一代限りで終わるものなんですよ。

第四章

小さな巨人——スタジオジブリ

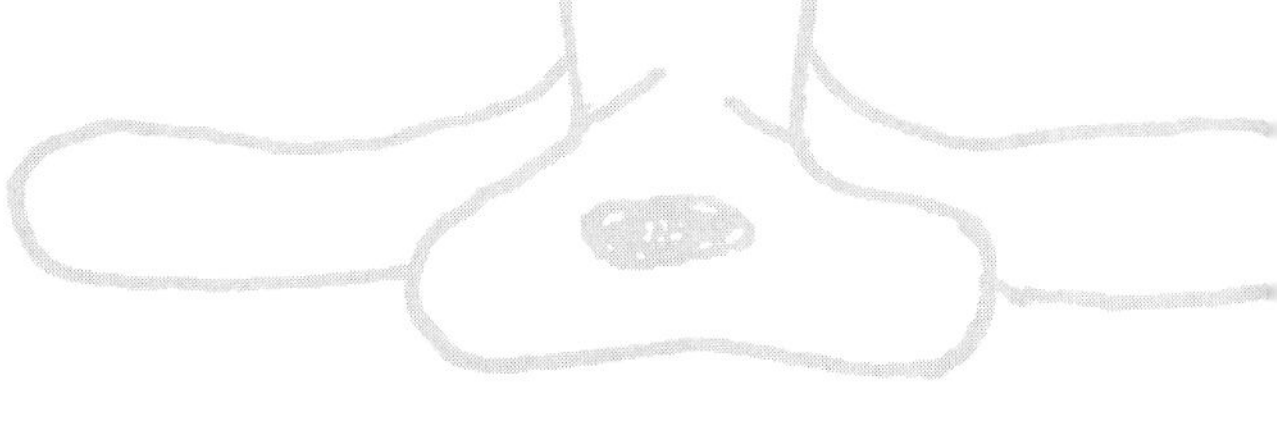

これまでのジブリ、これからのアニメーション

ジブリとそのパトロン

――これで一応、スタジオジブリが制作した作品は網羅しました。宮崎さんはまた新作を作ると発表しましたが、それはさておき、ポストジブリというか、日本の次のアニメーションはどうなるのか？　押井さんはどう考えていらっしゃいます？

押井　ポストジブリだとか、ポスト宮崎とかよく聞くけど、そういう存在はありませんから。言うのは結構だけど、実体のないことを言うなと言いたい。その根拠は何なんだってこと。

――一般的には新海誠監督や細田守監督、庵野秀明監督等がポスト宮崎と言われているようです。収益を上げることができるからなんでしょうかね。

押井　ありえません。**『君の名は。』**は観てないけど、ありえないでしょう。こんなこと言うと、いつも叩かれるんだけどさ。たまたま当たっただけでしょ？　映画は水ものだからそんなこともある。でも、だからといってポスト宮崎にはならない。

　極論しちゃえば、映画なんて勘違いでしかヒットしないの。ジブリも完全な勘違い。ただその勘違いを、言わば意図的に、自覚的に繰り返したのが鈴木敏夫という男の大仕事なんですよ。ジブリというアニメーションのスタジオが、30年にわたって成立していたからくりはそこにある。その本質を理解しているのはおそらくトシちゃんだけ。宮さんは判ってないよ。

――ということは、鈴木敏夫と押井守だけが知っている真実なんですね。

押井　ほかにいないとは言い切れないけど、敢えて言ってみるとそうなる。張本人の鈴木敏夫と、側でずっと見てきた僕。必然性はあると思うよ。

――高畑さんは？

押井　高畑さんはまた面白い人で、判っているという以前に、そういうことにまったく興味がない。自分が映画を作ること以外はどうでもいいの。ジブリがどうな

『君の名は。』
16年製作の長編アニメーション。監督・脚本・原作は新海誠。飛騨で暮らす女子高生と、東京で暮らす男子高生がなぜか赤い糸で結ばれていたというラブストーリー。興収250億円という『千尋』に続く大ヒット作となった。

ろうと知ったことじゃない。

——じゃあ、これからの日本のアニメは？

押井　いや、何もないいんじゃない？　何だかんだ言っても、日本の戦後のエンタテインメントは**正力松太郎**が作り出した世界。彼はとっくに亡くなり、その弟子のような存在で最後まで日テレの番頭を務めた氏家（齊一郎）さんも鬼籍に入り、彼らを知る**奥田**（**誠治**）さんも日テレを去り、確実に時代が一巡りして変わったんですよ。これからどうなるかは誰にも判らないけれど、僕に言わせれば「系譜はついに絶えた」。ジブリはその末裔。ジブリにはそういう大きなパトロンがいたという事実を無視することはできない。これを言わなかったらジブリというスタジオを語る意味はないよ。

——パトロンというかスポンサーを探すのが難しい時代になったということですか？

押井　それもある。でも、やっぱり系譜が絶えたことが大きい。系譜って大事なんだよ。日本の戦後のエンターテインメントはプロ野球からプロレス、テレビ放送、ある意味映画まで、全部その系譜に連なっている。その系譜の背後には、い

正力松太郎（しょうりき まつたろう）
実業家・政治家。1885年富山県生まれ。内務省を辞職し、読売新聞の経営権を買収して社長に。52年に日本テレビ初代社長に就任した。プロ野球の父、テレビ放送の父、原子力の父と呼ばれている。69年逝去。

奥田誠治（おくだ せいじ）
映画製作者。56年福島県生まれ。80年に日本テレビに入社。『ナウシカ』オンエアをきっかけに宮崎駿らと知り合い、『魔女宅』『ハウル』等の製作を務めた。押井作品『千尋』『もののけ』『スカイ・クロラ』でも製作総指揮に名を連ねている。

つも言っているけど、マルクスの亡霊が取り付いているんだから。

　でも、それがもう全部死に絶えた。今後どうなるかなんて誰にも判らない。たぶん、世知辛くなるんじゃない？　もうすでにそうなっていて、昔のように才能を育てようなんて気は毛頭ない。完成品を求めているだけだよ。それはアニメの世界に限らず、映画もＴＶも芸能人も同じ。「(才能のある人材や、優秀な作品が)ないのなら、どこかから輸入してこい」という発想。

――でも、映画に関して言うと、その輸入作品は以前ほどヒットしませんからね。

押井　ハリウッドの映画は(日本では)苦戦を強いられているよね。海外で大ヒットした映画が日本ではダメというのはよくある話だし、その一方で「なぜこれが？」という日本映画がヒットしたりする。でも、それを海外に持って行ってもまるっきりお話にならないわけだし。要するに日本がガラパゴス化していて、とりわけ若い観客のガラパゴス化が激しいんだよ。果たして、いまの日本の映画界はそれに対応しているのだろうかとは思うよね。

　こういう話になると、僕の下の世代の監督たちは食いついてくる。彼らは一生懸命考えているから。どうやれば観客の需要にかなう作品を作れるのか？　そもそも、どうやって監督として生き残って行くのか？　**神山**や、たぶん細田守や新海も、間違いなくいろいろ考えていますよ。まあ、僕はとっくの昔に諦めてるから。もう知ったことじゃないけどさ。

――そんなこと言わないでくださいよ。

押井　いや、本当にそうなんだから仕方ないって。ある時代が終わったことは間違いないんだから。次に誰が現れ、誰が（エンターテインメント業界を）牽引していくのか、誰にも判らない。

ただひとつ、アニメ業界ではっきり言えるのは、アニメファンの多様化。彼らの嗜好が細分化されていて、しかもひとつのサイクルのスケールが小さくなっていること。

ジブリアニメは〝絵本〟

――そうやって見ると、ジブリは確かに大きな存在でしたね。

押井　一般の観客レベルにまでアニメーションの市場を広げたというのがジブリの最大の功績だから。

神山
神山健治（かみやまけんじ）のこと。アニメ監督・脚本家。66年埼玉県生まれ。押井塾出身。劇場作では『ミニパト』（02）、TVシリーズでは『攻殻機動隊 STAND ALONE COMPLEX』（02）で初監督。劇場アニメの代表作に『東のエデン』（09～10）、『００９ RE:CYBORG』（12）、『ひるね姫～知らないワタシの物語～』（17）がある。なお『立喰師』ではロッテリア店長神山役で出演している。

――でも、そのジブリのファンがアニメファンになってオタクになるというのはあまり聞いたことがないですよ。

押井　それはまた別の話。ジブリの作品には〝萌え〟がないから。そういう〝萌え〟が好きなアニメファンのフェチとは一致してないの。あの宮さんのフェチを理解するにはそれなりの知識や教養が必要になる。だから鈴木敏夫――ジブリというスタジオと言ってもいいんだけど、彼がアニメファンに目配せしていた時代と、一切無視していた時代があるわけじゃない。『トトロ』のあたりくらいまではアニメファンを動員できたから、彼らも視野に入れていたけど、そのあとは一般の観客だけを見るようになった。アニメファンはそこで置き去りにされたかたちになったんだよ。これは言い方を換えると、ジブリというスタジオはアニメファンだけではやっていけなかったことになる。

それにしても面白いよね。『アニメージュ』の編集長だったトシちゃんが、アニメファンから離れなくてはジブリは成功しないと思ったわけだから。ちゃんとアニメファンの本質を理解していたということなのかもしれない。彼じゃないと下せない決断だったんだよ。

――一般の観客はジブリの作品を観にいくとき、アニメーションを観にいくという感覚はあったんでしょうか。

押井　なかったと思う。僕の知人がとても上手いことを言ったんだよ。「ジブリは絵本」と言うわけ。何世代経ってもみんなが読んでいる共通の絵本であるってね。その作家が大好きというコアな人ももちろんいるだろうけど、多くの人はひとつの通過儀礼のように絵本に接している。この作家の次回作が早く読みたいとか、数年続編が出ないからといって切望するわけでもない。これが漫画だったりすると、早く続きが読みたくなるけど、絵本の場合はそうはならないから。

これは確かに言いえて妙だと思ったよ。漫画には大好きなキャラクターがいたり、憧れるキャラがいたりするけど、ジブリの作品に関してはそういうのも薄いから。

――確かに、そういう感覚は薄いですね。

押井　普通、これだけ大ヒットすればキャラクタービジネスに行きそうなのに、それもしなかった。もしかしたらそういう時期があったのかもしれないけど、結局はミッキーマウスを目指さなかった。

――そもそもジブリのアニメグッズって主人公のものがあまりないんじゃないですか？　『トトロ』の場合はトトロで、メイやサツキのフィギュアを欲しがる人はあまりいない。『千と千尋』だって、あれだけ凄い数字を弾き出したのに千尋のグッズってあまり見たことがないですよ。

押井　宮さんがそういうのは好きじゃないというのがあるだろうけど、あの鈴木敏夫ならそういうビジネスを考えてもおかしくない。にもかかわらずやってないところを見ると、そういうのはジブリにとってはプラスにならないと判断したからだよ。トシちゃんは、日本におけるキャラクタービジネスを信用していなかったのかもしれない。

――それで言うと続編もないですよ。ハリウッドのビジネスだったら『千尋』の続編やスピンオフ等が作られるのは普通。今度はハクの話なんていかにも考え付きそうじゃないですか。でもジブリは、『トトロ』の短編は作っているとはいえ、ちゃんとした劇場用の続編は1本もない。

押井　それはある意味、潔いよね。

実は僕は『ナウシカ』の続編を作ってはどうかと提案したことがあるんだけど

さ。それこそみんなが観たいと思うんだよ。この作品はアニメファン的な濃度が高いから、とりわけオタクたちは観たいんじゃないかと考えたわけ。監督を庵野にやらせたりしたらマニアは大喜び間違いなしでしょ、きっと。

——それは観てみたいかも！

押井 うん。でも、戦争状態になった血みどろの『ナウシカ2』というのは、ジブリの路線としてはありえないだろうね。

——確かに続きが観たいのは『ナウシカ』くらいで、あとの作品はちゃんと1作で完結しているという印象ですね。

押井 そういう意味では正当な映画人だったんだよ、宮さんは。

ジブリのような会社は世界から見ても珍しいんじゃないかな。宮崎駿という稀代のアニメーターに特化したスタジオ。しかも、そこが、日本の映画史を塗り替える作品を連発していたんだから、語るに値する〝事件〟だったんだよ。

さっきの知人が言った「ジブリは絵本」説は本当に正しくて、おそらくそういうかたちでみんなの記憶に残り続けるんだと思うよ。たとえ宮さんが亡くなったとしても、そのあともちゃんとみんながその作品を観ることになる。でも、そうなるのは宮さんの作品だけで、高畑さんやその他の若い監督の作品は消える運命にあると思うけどね。

不世出のアニメーター、宮崎駿

――ジブリ美術館はどうなんですか。そういうジブリの作品に触れることができるんですよね？

押井　始まった頃は宮さんの道楽だと思っていたけど、いまはちゃんと需要を満たしているんじゃない？　アトラクションも何もないのに、いまでも入場券を手に入れるには苦労するというから人気があるんだよ。しかも、来館者のほとんどは小学生の子供とその親。デートスポットにもなっていない。ジブリのアニメーションに触れた子供たちの追体験の場にちゃんとなっている。きっちり美術館しているんだよ。おそらく、宮さんが最初に考えた構想通りに機能しているんじゃない？

――押井さんはジブリ・キャラクターのなかで誰が好きですか？

押井　特にないかなー……強いて言えばクシャナ。本当に強いて言えばだけど。

「なぎはらえ！」ってやつだよ。まあ、声を当てていたのが（榊原）**良子**さんというのもあるかもしれないけど。それに、彼女のそのオーディションの現場になぜか僕はいたし。良子さんがクシャナのセリフを読んでいたのを、いまでもよく覚えているから。あとはロボット兵かな。

　そうやって考えると、純粋に宮さんのキャラクターに入れ込んだ覚えはないね。麻紀さんはどうなの？

――すみません！　私はマルクルなんです。別にショタじゃないんですが、彼は**神木隆之介**君の声を含めてかわいかった。映画を観たあと、しばらく「芋はきらいじゃ」ばかり言ってましたから（笑）。あとは押井さんと同じロボット兵。あのフィギュアは欲しい。

押井　ほら、やっぱりメインキャラクターじゃなくて脇なんだよ。

――宮崎さん自身はどうなんでしょう？　好きな作品とかキャラクターとか。

押井　それは聞いたことがないから判らないけど、僕が想像するに『ナウシカ』は最初の作品であることも手伝って、自分のなかでも特別なんじゃないかな。でも、作品として宮さんが評価するという意味で言ったら『ラピュタ』かもしれな

榊原良子（さかきばらよしこ）
　俳優・声優。56年千葉県生まれ。押井作品には欠かせないヴォイスアクター。『パト』シリーズの南雲しのぶの声で知られる。『うる星1』ではエル、『イノセンス』ではハラウェイ、『スカイ・クロラ』では笹倉永久を担当した。

神木隆之介（かみきりゅうのすけ）
　俳優・声優。93年埼玉県生まれ。子役からキャリアを始め、声優デビューは『千尋』の坊。『アリエッティ』で翔、『君の名は。』では瀧、『メアリと魔女の花』はピーターの声を当てている。役者としても活躍し『桐島、部活やめるってよ』(12)、『るろう

い。

——漫画映画という自分の好きなジャンルだからでしょうか？

押井　あと表現のレベルでも。アニメーターとしての作業に対する客観的な評価としても高いんじゃないかな。

宮さんは「自分以上のアニメーターはいない」と思っている人で、それは正しいから。沖浦（啓之）たちのテクニックも認めているだろうけど、自分が描く世界とは違うと考えていて、自分のタイプとしては、やはり自分が一番だと思ってるんじゃない？

——その「自分のタイプ」って？

押井　動かすこと自体が生み出す感動、みたいなものかな。飛んだり跳ねたり走ったりすることだけで、エモーショナルな何かを喚起できる力。そういうことが表現できるのは宮さんだけ。上手いヤツはいくらでもいるけど、そういう力をもっているのは宮さんだけなんです。それはテクニック以前の話で、ひと言で言っちゃえば〝ナチュラル・ボーン・アニメーター〟。

それに、いまどきの上手なアニメーターは、アニメーションの洪水のなかで育っ

に剣心　京都大火編／伝説の最期編』（14）、『バクマン。』（15）、『3月のライオン』（17）、『ジョジョの奇妙な冒険　ダイヤモンドは砕けない　第一章』（17）等に出演している。

たから、オリジナルたり得ない宿命がある。でも、宮さんがアニメーターとして育った時代は、アニメーションそのものが貴重品。おそらく宮さんたちは自分が見たいものは自分で作ったんだよ。だからオリジナルの強みがある。そういう意味でも不世出のアニメーターなんですよ。

――その技術だけで興行収入300億円の作品を作ったんだから、やっぱり凄いですよね。

押井　いや、その数字は何も関係ないよ。興行に携わっている人には重要かもしれないけど、日本の映画界においてはたいした問題じゃない。ハリウッドの映画史を塗り替えたという『**アバター**』だって、もうすぐ消える運命だと思う。映画の歴史を俯瞰して考えれば、最終的に残るのはエポックメイキングな作品であって、数字を上げることに特化した作品じゃないから。

とはいえ、さっきも言った通り、宮さんの作品は残る。数字に関係なく確実に残る。ずっと残って、次の子供たち、そしてまた次の子供たちを喜ばせ続けるんだよ。

『アバター』
09年米英映画。監督はジェームズ・キャメロン。パンドラという星で繰り広げられる人間VS先住民ナヴィ族の戦い。その一族をモーションキャプチャーを多用して表現し、3Dで上映した。世界興収は歴代ナンバーワンヒットの27億ドル。全米は7億6000万ドルで、『スター・ウォーズ／フォースの覚醒』の9億3600万ドルに破られ2位になった。一応キャメロンは、本作を入れて5部作にするつもりらしい……。

特別鼎談

石川光久×高橋望×押井守

nozomu takahashi

mamoru oshii

mitsuhisa ishikawa

監督とプロデューサー オレたちのディスタンス

インタビュー・文／渡辺麻紀　撮影／蓮尾美智子

——今回は、押井さんとの関りが深いおふたりに登場していただき鼎談をお願いしました。株式会社プロダクション・アイジー代表取締役社長で数々の押井監督作品にプロデューサーとして参加されている石川光久さんと、スタジオジブリのプロデューサーの鈴木敏夫さんと長年仕事を続けて来られた高橋望さんです。

押井　まさに〝監督vsプロデューサー〟という構図だね（笑）。

石川のことはあまり説明もいらないだろうけど、一応、高橋くんを紹介しておくと、彼は『アニメージュ』の編集者としてトシちゃん（鈴木敏夫）の下で働いていたんですよ。彼に対する当時の私の印象は〝鈴木敏夫の懐刀〟。初めて会ったときのトシちゃんの紹介も「うちのエースですから」だったからね。これは今でも覚えている。

懐刀でありエースであるということは、何を意味しているかと言えば、当事者には絶対ならないタイプ。そういう人間の傍らで、距離を保ちながら接する人。あらゆることに対して決して深入りしないんですよ。

それが高橋くんのユニークなところ。鈴木敏夫に洗脳された人はそれこそゴマンといるんだけど、その免疫があったのは、私の知る限りでは高橋くんと麻紀さんだけですよ。

高橋　鈴木さんがジブリの専任になる時には連れていかれたし、その後もちょっと離れていても、結局は周辺に呼び戻されてしまう。鈴木さんは自分の周りにたくさんの手下を置いているんだけど、やっぱりひとりぐらいは本当のことを言うヤツがいたほうがバランスが取れると思ったんじゃないかな？　鈴木さんは、やっぱり怖い人で、面と向かって意見を言ったりする人は少ないんですよ。そんなこんなで、そういう役目を僕が請け負うかたちになったんです。

押井　要するに客観性を持っていると判断されたんだよ。

高橋　この間、鈴木さんの本に批判も含めて自由に書いていいからって原稿を頼まれて書いたんだけど、当人からはまだまだ（批判が）足らないと言われましたね。そういうの、期待されているんだと思います。

——押井さんとは一緒に仕事をしたことはあるんですか？

押井　仕事で直接的に関わったことはないけど、よく一緒に遊んでいたよね？　よくおしゃべりもしたし、その人となりについてはちゃんと判っているという感じかな。

高橋　いや、仕事でも『スカイ・クロラ The Sky Crawlers』（08）ではいっしょにベネチア行ったりしたじゃないですか（笑）。

――鈴木さんに対する距離の取り方、つまりベタベタしない上に、批判的ですらあるというところは、もしかして押井さんと鈴木さんの関係性に重なる部分もあるんですか？

高橋　いや、違うと思います。ベタベタですよ（笑）。何度かふたりが一緒のところを目撃してますが、とても仲がいい。本当にベタベタ。実際は距離を置くような関係じゃない。お互い、残り少ない人生なんだから、ふたりで凄いモノ、作っちゃえばいいのにって思います……というようなことを、さっきの本に書いたんですが、鈴木さんはピンと来てないようで「（押井さんとは）そういう関係じゃないからさー……」みたいなことを言ってましたね。

（鈴木さんと押井さん）ふたりで凄いモノ、作っちゃえばいいのに――高橋

押井　トシちゃんがそう言ったのは、そんなふうに一緒に仕事をしたら決裂することが判っているからだよ。これまで何度かそういう企画もあったけど結局、実現には至ってない。ガッツリ組んだのは『天使のたまご』（85）だけなんだから。まあ、あれだけでいいやって感じなんじゃない？　ふたりとも（笑）。

――ところで、先ほど高橋さんがおっしゃっていた「鈴木さんは怖い」という話なんですが……。

押井　アニメ業界、トシちゃんだけじゃなく結構、そういう人は多いよ。石川だってそういうところあるし。

石川　よく言うよ。

押井　そう？　結構なもんじゃない？　制作会議じゃ怒号が飛び交ってるじゃん。いや、飛び交っているんじゃなく、一方的に石川が怒号を浴びせてる。石川はアニメーターにはめちゃくちゃ甘いけど、監督や制作にはとても厳しいって、判っているよね?

石川　いや、確かなのは、僕が押井さんには甘いってことですよ。

押井　どこが甘いんだよ。

石川　僕は作品単位で考えている。その作品にとって、どう付き合えばいいのか? どういう関係を結び、どういう人材を集めればいいのか? その作品が一番いい形になるようにいつも考えるんです。

押井さんがI.Gで仕事をしてくれるときは、そういう人材を集めることも、僕の重要な仕事になる。やっぱり、黄瀬(和哉)の作監、小倉(宏昌)さんの背景と美術だと、押井さんのやりたいものがちゃんと形になるから。

押井さんが「黄瀬に甘い」とか「小倉さんに甘い」と言うけど、僕はそう思ってはいない。たとえば押井さんが4年に一度、I.Gで作品を作るとき、僕としてはそういうスタッフを集めているか、集められるかを重視している。押井さんが望んでいる作品を作ってもらうために、ですよ。

押井さんは、僕が彼らのケア的なことをやっているから「甘い」と言ってるんであって、実は押井さんに「甘い」というのが真実だと思うんだけど。

――石川さんは、まず作品ありきで考えていらっしゃるわけですね。

石川　作品単位で考えているということで言えば、『鹿の王 ユナと約束の旅』(21年9月10日公開予定 監督:安藤雅司　宮地昌幸)もそうなんです。うちのプロデューサーの松下(慶子)が、どうしてもこの作品をやりたいと言う。なぜかと言えば、ジブリが培ってきたノウハウ、イヌや馬など四本脚の動物を描く技術をアニメ業界に残したいからだと。そういう絵を描けるアニメーターが本当にいなくなっちゃったからなんだよね。

高橋　なるほど!

石川　それを聞いて思い出したのが『人狼 JIN-ROH』(00)だった。大塚(伸治)さんが描いた、オオカミが水のところを走るシーンの美しさに僕、感動しちゃったんですよ。

だから、なるほどあれか、って感じになり、『鹿の王』を〈東京タワー〉にするのはどうだろうかと考えたんです。60年も前、333メートルものタワーを建てたのは誰かといえば、とび職などの職人なんです。彼らは、安全基準なんていうのが曖昧だった時代に、持てる技術全てをつぎ込んでわずか1年半であの塔を建ててしまった。『鹿の王』も同じで、アニメの職人たちが、その技術の粋を集めて創る作品にしようと。

資金繰りをはじめ、本当に大変だったんだけど、出来上がった映像を観て僕は驚いた。ジブリの匂いがプンプンするし、さすがだと思った。そして、これはアニメの〈東京タワー〉になると確信したから。

高橋　それは凄いじゃないですか。

石川　うん。でも、今はまだ電波塔なんだけど。

高橋　どういう意味ですか？

石川　電波塔として造られたタワーが、なぜ〈東京タワー〉となり60年にもわたり愛され続けたかというと、レストランを開いたり展望台を作ったりと、お客さんを集めたからですよ。そうやって単なる電波塔から、愛される〈東京タワー〉へと変わっていった。

だから『鹿の王』も、今からしっかり宣伝して、多くの人に観てもらい、みなさんに愛されることによって〈東京タワー〉へと変わることが出来ると思っているんですよ、僕は。

高橋　それは素晴らしいですね。監督は安藤（雅司）さん？

石川　そう。安藤さんは凄いよ。本当に上手い。『千と千尋の神隠し』（01）や『君の名は。』（16）などの大ヒット作を筆頭に、あらゆる作品の作監をやっている。

そんな安藤さんの言葉で印象的だったのは、「監督は、作監のことなんて考えずに、好き勝手、非情、非道なことをやらせるものだ。でも、自分は作監でもあるので、どうしてもブレーキをかけてしまう」という言葉。

確かにそれも事実なんだけど、じゃあ宮崎さんや押井さんは作監に非道なことをやらせて、自分が大満足できる理想の作品を作れたかというと、そうでもないんじゃないかと思う。何が言いたいかと言うと、妥協できるかどうか、というのが監督の条件のひとつじゃないかということ。

押井　映画は常に妥協の産物です。

石川　そうでしょ？　でも、妥協したくない安藤さんは、監督が作監をするべきじゃないと言っていたんだよね。でも、僕がこの作品に投資したのは、職人たちに電波塔を作ってもらうことだったから、安藤さんが監督なのは当然なの。こういう作品はたぶん、ジブリでは許されないんじゃないかなあ。

高橋　押井さんは『鹿の王』、ご覧になったんですか？

押井　観てないけど、予想はつく。安藤くんは本当に、めちゃくちゃ優秀なアニメーターですよ。今の日本で五指に入る才能。それは間違いない。だから、アニメーターとしては最高の仕事をする。でも、監督としてはどうなのか？　ということだよね。私は監督だから、彼を監督として考えると当然、評価の軸は変わって来る。

　言っちゃなんだけど、宮さんを含めて、アニメーター出身の監督で感心したことは一度もないからね、私は。根本的に仕事のやり方がもう違うんです。

　それは才能以前の話。監督は監督として育つしかないんだよ。

石川　でもさ、そういうのって押井さんの良さだよね。そうやって思い込むのってさ。

押井　思い込みもへちまもあるか！（笑）

石川　そういう押井さんの姿勢、素晴らしいと思うよ。そういうんじゃないと押井さんじゃないから。ただ、僕が言いたいのは、押井さんはお金などは関係ないと言っているけど、やっぱりベースになるのはお金じゃない？　仕事なわけだから。

押井　あのさ、私が予算を無視して仕事したことが一回でもある？

石川　ないよ。それはないけど、ちゃんとお金のリターンがあったこともないよ！

押井　それは監督の仕事ではありません！

石川　ヒットしたという記憶がない。押井さんと一緒に仕事して、ちゃんとヒットしてお金になったという記憶は、ありません！！！

高橋　いやー、凄いなー（爆笑）。

押井　よく言うよ。

石川　それは認めるでしょ？　押井さん！

――『GHOST IN THE SHELL／攻殻機動隊』（95）とか、リターンなかったんですか？

石川　ぜんっぜん！！

——お金の面ではそうだったかもしれませんが、映画史やアニメ史には名前を残しましたよね？

石川　そういう面ではね。そういう監督であるということは、ちゃんと認めていますよ。

——I.Gの名前も、『機動警察パトレイバー』や『攻殻機動隊』シリーズと一緒に大きくなった印象があります。押井さんはよく「自分の作品はヒットしないかもしれないけど、10年後まで残る」云々とおっしゃってますが、実際、そうなる場合が多いですよね？

石川　いや、それは判っていますよ。最初に『パト1』（『機動警察パトレイバー the Movie』）（89）の絵コンテを見たとき、本当に凄いと思ったし、これが出来たら金字塔になると思ったから。

もうひとつはそのとき、押井さんという「人間」が面白いと思ったんだよね。監督のキャラクターを含めて面白かったたし、押井さんの言葉で役に立つことも多かった。そういうことを積み重ねて、この業界でやっていくのも悪くないかなと思ったというのは確かにある。

多分、押井さんと出会っていなければ、僕もこの業界で続いてなかったと思うし、続けてもいなかったと思う。おそらく1年くらいで（スタジオを）閉めちゃったんじゃないかな。

高橋　世の中の人の多くは、やはりI.Gといえば最初に押井さんをイメージしちゃうんじゃないんですかね？

石川　それはあるかもしれない。今でも監督としてはちゃんと尊敬しているけれど、最近は、自分の才能にあぐらをかいているというか、言っていることとやっていることが違うんじゃないかなーって。

押井　なんだよ、それ。はっきり具体的に言えよ。オレがいつあぐらをかいて、いつどんなデタラメを言ったのか、言ってみろよ。

石川　いやあ……どうかなあ……。

押井さんと仕事して、ちゃんとヒットしてお金になった記憶がない！——石川

プロデューサーは監督に、どう対抗していくのか？

高橋　で（笑）、話を戻すと、僕は、今日、プロデューサーと監督の関係について考えたいなあと思って来たんです。監督っていうのは作品を「人質」にとっているわけで、プロデューサーもスタジオそのものをもある種の「恐怖政治」によって支配することができる。そういうのに対して、プロデューサーといわれる人は、どう対抗するのか。いい関係を作っていくのか、というところに非常に興味があります。

たとえば細田守という監督の話をすると、彼は齋藤優一郎というプロデューサーと組んでいるんだけど、力関係でいうと齋藤くんは常に細田監督に対して弱い立場なわけですよ。現状のスタジオ地図は細田監督の作品を作るための場だから、当然ではあるんだけど、でも、このままだと地図は窮屈な場所になってしまうと思うし、齋藤君も疲弊してくると思う。

だからこそ、若い監督を育てて、新しいタイプの作品も作っていく、そういうことが地図を風通しのいい場所にすることにつながるし、結果的には細田監督のためでもあると思う。

押井さんからも、昔「第2ジブリを作って若い奴の作品をやれ」、と言われたことがあります。おそらく通じる話だと思います。

押井　そうだったかも。

高橋　鈴木さんもプロデューサーとして監督とどういう距離感を保つか、ということは考えてきたんだと思うんです。振り返ると、ジブリの場合は、高畑さんと宮崎さんのふたりの監督を擁していたことは非常に大きかったと。

この間、鈴木さんに「『天空の城ラピュタ』（86）をやったとき、なぜそのままジブリに行かず、『魔女の宅急便』（89）に至るまで、（『アニメージュ』の）編集長とプロデューサー業の二足の草鞋を履き続けたんですか？」って聞いたんです。その答えは「簡単に言えば、そのほうが便利だったから。自分が雑誌の編集長をやっているということで、宮崎さんが尊重してくれて、ベタベタした関係にならずにすんだ」というようなことを言ってましたね。

押井　そういう鈴木敏夫は私も見ていて、プロデューサーか編集者、どっちかはっきりすればと言ったこともある。結局、ジブリのほうに収まったけれど、実際のところ、トシちゃんが関わった監督は宮さんと高畑さんのふたりだけなんだよ。

宮さんは、トシちゃんが高畑さんにも撮らせていることを、凄く嫌がっていた時期があったの。宮さんが稼いで、高畑さんが使い倒すという関係が続いていたからだよね。宮さんは、（高畑さんには）もう撮らせるなって言っていたのに、トシちゃんは頑として譲らず、撮らせ続けたわけだ。

その理由はもちろん、選択肢として必要だったから。高畑さんがいなくなったら、宮さんとトシちゃんの関係はどうなるのか？　どっちがヘゲモニー（主導権）を握るのかという話になる。

実際、高畑さんが亡くなってからは、トシちゃんも宮さんをコントロール出来てないと思うよ。いまの宮さんが言うことを聞くのは、多分奥さんだけ。いまだに奥さんのことだけは怖いから（笑）。

高橋　判ります（笑）。

で、今回、僕がお伺いしたいのは石川さんのプロデュース術なんですよ。おそらく鈴木さんとは違うかたちで押井さんをはじめとした監督との関係性を築いているんだろうと思っているので。

石川　今回のこの鼎談がひとつの答えになるかもしれない。最初は押井さんとの対談というオファーだったんだけど、絶対にひとり入れたほうがいいと、僕は思ったんですよ。そのほうが押井さんにもちゃんと話が伝わるし、活字にしたときも判りやすいし面白いだろうって。じゃあ、誰がいいのかとなると、やっぱりみんなを知っている上にプロデューサーでもある高橋くんしかいなくて。さっきの齋藤さんの話じゃないけど、３人必要なんですよ。

高橋　僕が聞いた話によると、石川さんは押井さんとあまり喋らないし、たまにしか会わない。お金の話は年に一度と決めていて、押井さんとコミュニケーションをとるときは人を上手く使う……今回のように（笑）。自分が直接やるときは、ここぞというときだけ、とか、いろいろ耳に入っている。石川さんのプロデュース術というのは、鈴木さんとは違うかたちで、

逃げるプロデューサーは山のようにいるけど、石川は逃げない、絶対。——押井

押井さんとの関係性を上手に作っているのかな？　なんて思っているんですが。

石川　喋らないのは確かだね。なぜって、押井さんとは別に話す必要がないから。押井さんはワンちゃんみたいなものなんですよ。困ったことがあれば尻尾を振ってやって来て、上手くいっていればまったくこっちに来ない、絶対に。問題は、押井さんは尻尾を振るのが実にうまいってことなの。

押井　それは順序が違います。オレが石川と話すときは第三者を立てるようにしたんだよ！　そうしないと、「オレ、そんなこと言った？」「覚えてないなー」になっちゃうじゃん。だから今回、こうやって高橋くんがいるのは大正解なんだよ。

高橋　なるほど（笑）。

押井　高橋くんがいうことは正しいんだよ。監督もプロデューサーも選択肢をもつことがすべてなの。どうやってヘゲモニーを握るのか？　選択肢のない人間は永遠にヘゲモニーを握れないから。それは戦争でも政治家でも、みんな同じ。選択肢をもつことでしかヘゲモニーは獲得できない。

じゃあ、なぜサシで付き合うことが悪いかと言えば、白黒つけざるを得なくなるから。それを繰り返していれば、いつか必ず破綻する。

石川　そう思います。

押井　オレ、基本的には石川と付き合いたいと思っているから。

高橋　おー。

押井　なぜかと言えば、一応、信用しているから。逃げたことないし。世の中には逃げるプロデューサーは山のようにいる。でも、石川は逃げない、絶対。しかも、責任もちゃんと取る。さらに、仕事に入ったら一切文句は言わない。

——押井さん、昔こうおっしゃってましたよ。「石川に流れ着くまで、相棒を選ぶ根拠を持ってなかった」って。

石川　たぶん、僕はこういうことだと思っているんで

すよ。

信頼とは何かといえば、「出来ないことを出来るとは言わないこと」。僕はそう思っている。

これをみんな間違えていて、押井さんのファンだったり、気に入られたい人は、その場でつくろっちゃうんだよね。押井さん、そういうの見抜くから。

僕は、自分の力だけで出来ないと判ることに関しては、簡単にOKは出さない。だから、はぐらかす。でも、そこに誰か、第三者を入れることで動き出すこともある。そういう配置のようなことは、いつも考えているよね。

高橋　ということは石川さんは、押井さんがやりたいと言った企画でも、断る場合もあるわけですね？

押井　あるどころか、石川はほとんど断っているよ。私が企画を持って行って、石川が「やりましょう！」と言ったのは、『立喰師列伝』（06）だけ。それも何年もかけてやっと出したOKだからね！

――『ガルム・ウォーズ』（16）は違うんですか？

押井　あれは違う。『ガルム』に関しては大人の事情ばかりで、今回の趣旨じゃないから割愛するけど、監督がプロデューサーに望むのは、さっき言った3項目だけ。「逃げない、責任を取る、（制作に入ったら）一切口出しをしない」。石川はそれが出来ている、極めて稀有なプロデューサーです。

石川とは仕事ありきで付き合っていて、もし個人だったら、多分、長続きはしないと思う。性格も違えば生き方も違う。似ているところがあるとすれば、金とか名誉とかいうこと以前に、モチベーションを大切にしているところだけ。

石川　そうだよね。

押井　もし石川が金の亡者だったら、とっくに別れているよ。

石川がビルの一室でこの仕事を始めたときから知っているんだから、金儲けよりも人間や才能を大切にしたいと考えていることは判っている。

だから、信用しているんです！

悔しいけれど、結局はいつも石川のところに戻っている。残念ながらそれは認めざるを得ない。今でもやっぱりI.Gが自分のホームグラウンドだと思っているし。どこがどうのとは言えないけど、精神的に仕事がしやすい。あとは、ちゃんと意見してくれる人がいるということも大きい。言うことすべてが通っていたらモチベーションもなくなるよ。外に出ると、そんな人とはなかなか巡り合えないからさ。

社会的にでかいことをしたいとか、自分の自我を拡張したいタイプのプロデューサーはたくさんいるなかで、本当に貴重な人材です。

――敏夫さんはそっちのタイプですか?

押井 それに近い。大衆動員主義者だから。何度も言っているけど、毛沢東やスターリンと同じ。大衆動員することで高揚感を得ているだけなんだから。

高橋 鈴木さんは上司、『アニメージュ』だったら尾形(英夫)初代編集長とか、ジブリだったら徳間(康快)社長とかに最終的な責任は押し付けて、その下でできるだけ自由にやりたいことを実現するというタイプでしたね。要するに編集者的立場が得意な人なんですよ。そういう人から見ると、石川さんのように、全責任を背負いつつ、会社を立ち上げ切り盛りしている人は特別。尊敬の念を持っていたと思いますよ。

――石川さんとは対極なんですね。

押井 うん、それに石川、金使わないし。うどんしか食ってないんだもん。

高橋 (笑)。

石川 おっしゃる通り、僕はケチなんですよ。でも、ケチな自分は好きなの(笑)。タクシーを使ってもいいだろうって思うんだけど、やっぱりその金があれば動画一枚買えちゃうじゃん、って今でも考えてしまう(笑)。だから結局は乗らずに電車を使うんだよね。

押井 (笑)。

高橋 凄い!

石川 でも、セコくはないと思っている。ケチとセコいのって違うよね?

押井 それは私も判っている。いつもケチ呼ばわりしているけど、多分1000回ぐらい言っていると思うけど、セコいと思ったことは一度もない。なぜなら、石川は使うときにはちゃんと使うから。そういうところでは絶対にケチらない。そこも信用している要素のひとつ。これまで何人ものプロデューサーと付き合ったけど、最初からずーっと付き合っているのは石川だけだという理由は、そこにもある。

高橋　やっぱりおふたりの関係性って特殊ですよね。べったりでもない、どういう距離感を保てばいいのかということに腐心している。

さっき、押井さんに儲けさせてもらった記憶がないと言いつつ、押井さんとは仕事を続けている。石川さんはやっぱり、押井さんのことを何とかしたいと思っているのか？　そういうところもお尋ねしたいですよね。

石川　（そういう気持ちが）ないか、あるのかで言ったら、悔しいけどあるんですよ。悔しいけど、ある（笑）。

経営者としてはいかがなものかと思ってはいるんですけどね。

押井　何言ってるの！　私は石川に頼りっきりなんかじゃないよ！

石川　まあ、それはそうなんだけどさ。

押井　それはずるいと思うよ、石川。『スカイ・クロラ』からこっち、I.Gで仕事してないじゃない。その間、「いい加減、仕事させろよ」と言っても、「あんた、自分で食えてるじゃん」って。「どこかで食いぶち拾ってこい」と言われてるんですよ、私は。

それって、まさにイヌなわけだ。飼い犬でもなければ、ノラでもない。ただ、イヌだからといって繋がれるつもりも毛頭ない。ただ、イヌにだって一宿一飯の義理はあるってこと。

高橋　この鼎談のタイトル、「イヌにだって一宿一飯の義理はある」がいいんじゃないですか？（笑）　この言葉がふたりの関係性をよく表している。

押井さんもほかのところで作品を作ったり、石川さんも、すでにI.Gはとても大きくなったから、押井さんと組む必要もない。それでも離れないって、やっぱり押井さんにそういう魅力を感じているってことなんですか？　もちろん、押井さんにそういう人間的な魅力があることは判っていますが、仕事の面ではどう考えていらっしゃるんだろうって。

石川　多分、押井さんって、そこまで疲れてないと思っているのね。監督として消耗してないというか、たとえ70歳になってもまだまだ余力はあるというか。見ようによっては『スカイ・クロラ』以降、充電しているとも取れないこともない。いろんなことをやって忙

押井さんは監督として消耗してない、そういうところに賭けてみたい——石川

しくはしているんだけど、確かに本当の映画は撮っていない。そういうところに、賭けてみたいという気持ちはあると思うんだよね。

押井　石川って（I.Gが）転機にあるときとか、ヤバそうなときとかに私を呼ぶ傾向にあるんですよ。そういうときは、博打をうてる人間じゃないとダメだから。私に博打体質があるかといえば、多分ある。

　寺山修司が言っていたけど、博打にハマるやつというのは、負ける予感に震えるんだって。これが病みつきになるんだというんだよね。彼が競馬評論家をやっていたときの言葉なんだけど、それは正しいと思っている。勝ったときの美酒に味をしめるわけではないということですよ。少なくとも私は、負ける予感に震えるんだ。

　でも、石川は博打をうちはするが負ける博打はやりたくないタイプだと思ってるけどね。

石川　『イノセンス』（04）は大きな転機になった。会社を脱皮させるという面で。今までの構造から脱皮するきっかけになった作品が『イノセンス』だったので、I.Gの歴史を語る上ではとても重要な作品。この作品があったからこそ、いまのI.Gはあるという感じかなあ。

——石川さんと押井さん、何か新しい企画を練っているんですか？

石川　それは言えないね（笑）。

押井　言えるわけがない（笑）。

石川　押井さんの気持ちが変わらなければ実現すると思うよ。

押井　石川はこの10年間、「あんたの賞味期限は切れかけている」ってずーっと言い続けてるからね。

高橋　（笑）

押井　でも、私に言わせれば、監督の賞味期限なんてのは当の本人が決めることなんだよ。新藤兼人みたいに車いすに乗ってまでやろうとは思わないけど、体がいうことをきく間はやりたいと思っているだけ。

　まあ、どっちにしろ、オーダーが来なくなったらや

めなきゃいけないんだよ、監督という仕事は。いまもオーダーが来たらやっているだけで、自分の企画でやった最後の作品は『立喰師』だからね。何か企画を出してくれと言われて出したことはあるけど、自分の企画としてはそれが最後だよ。

――じゃあ、そのおふたりが抱えているっぽい企画は？

石川　だから、言えません。押井さん次第なんだから。

高橋　ところで、今更だけど、どうしてこの鼎談をやることになったんですか？

押井　そこはひと言いっておきたいことなんだよ。最近、ジブリは態度が悪いの！

高橋　それを僕に言われても……。

――最初は、私が断捨離しているときに発見した、宮崎さんと押井さんの対談を使う予定だったんです。『パト2』（『機動警察パトレイバー 2 the Movie』）（93）のとき、『アニメージュ』でやったおふたりの対談のテープ起こしが出てきて、めちゃくちゃ面白かったので、それをこの増補版の対談にしようと思ったんです。『アニメージュ』の編集部に尋ねたら、おふたりがOKなら大丈夫だと言うのでジブリに打診したところ、ダメだと言われたんです。押井さんはその4万字にも及ぶテープ起こしの校正までしてくださったんですけどね。

押井　私のほうからもお願いしたんだよ。そのまえに、宮さんと私の対談を再録したいというオファーがジブリのほうから来て、私は快くOKを出したのに、だよ。そりゃあどういう了見なんだってなるじゃない？

高橋　まあ、そうですかね。

――いや、押井さん、それは既存の本をデジタル化したいというオファーだったんですよ。あとは、あまりに昔の対談過ぎると言うのも問題だったようですけどね。

押井　言うに事欠いて、昔の言葉には責任がもてないって言ってるんだよ。何年監督やってんだよ、って言いたくなるじゃん。そんなのモノを作っている人間の言葉じゃないよ。私は自分の言ったことには責任を取る。

石川　僕も取ります……っていうか、そこから始まったんだ。知らなかったよ（笑）。

高橋 望

1960年東京都生まれ。映画プロデューサー。一橋大学卒業後、1983年に徳間書店に入社。『アニメージュ』などの編集に携わったのち、1989年スタジオジブリへ。『おもひでぽろぽろ』(91)、『海がきこえる』(93)などを担当する。その後、日本テレビ映画事業部へ。『ALWAYS 三丁目の夕日』シリーズや、アニメーション映画では『サマーウォーズ』(09)など細田守監督作品を担当した。現在は、三鷹の森ジブリ美術館・シニアアドバイザー。

石川 光久

1958年東京都生まれ。株式会社プロダクション・アイジー代表取締役社長。大学卒業後、竜の子プロダクションに入社。1987年、同社より独立し創業。プロデューサーとして数多くのアニメーション映画などを手がける。主なプロデュース作品に、『機動警察パトレイバー2 the Movie』(93)、『GHOST IN THE SHELL／攻殻機動隊』(95)、『イノセンス』(04)、『スカイ・クロラ The Sky Crawlers』(08)、『009 RE:CYBORG』(12)など。

往復書簡

鈴木敏夫

押井守

宮崎駿監督らと出かけた
若き日の旅行の思い出、仕事観、人生観…。
40年あまりにわたり親交を結んできたふたりが、
コロナ禍、2021年4月〜6月にわたって
交わした往復書簡。

拝啓　鈴木敏夫さま

ご無沙汰してます。

最後にお会いしたときには、脊椎の軟骨が磨り減ってもはや痕跡すら存在しない、立つも座るも塗炭の苦しみ、車の運転も二〇分が限度という悲惨なお話を伺いましたが、その後の腰の調子は如何でしょうか。それもこれも積年の猫背ガニ股不摂生の当然の結果であり、因果は巡る水車なのでしょうが、他山の石以て玉を攻む（たざんのいしもってたまをおさむ、と読みます）日々筋トレとストレッチに励みながら他人事として心配しております。

さて今回は往復書簡という形式ですが、いまどき往復書簡とは珍しいと近場の若者たちに訊いてみたら案の定というかやっぱりというか、そんなもの読んだことも聞いたこともないという予想通りの反応で、かつて著名な作家やら文学者やらの往復書簡が誌面を賑わしていた時代を知る身には寂しい限りであり、手っ取り早く結論のみを知りたがる昨今の風潮からすれば週いち月いちの書簡の往復など迂遠な形式に過ぎぬということなのでしょうが、さいわいにも今回はオチがついたところで単行本に収録ということなので短気な当今の読者にも優しい企画になっております。まあ、それはそれで何のための往復書簡なのだと言えなくもないのですが、コロナ蔓延の御時世に口角泡を飛ばして面談するもならず、オンライン対談など真っ平御免のデジタル不適合オヤジ同士とあっては是非もありません。まずは執筆の労を取っていただけたことに感謝致しますが、かれこれ四〇年になろうかというカンケイにも拘らず真面《まとも》な書簡ひとつ交わしたことがないという不面目を思えば、この程度の労は惜しむというほどのこともなく、どうせ口伝えのゴースト本を乱発してるんだからたまには自分で書いても罰はあたらない筈だとも思っております。

さて敏《トシ》ちゃん——といきなりの「ちゃん」づけで恐縮ですが、年下の身も省みず長年に渡ってトシちゃん呼ばわりしてきたのは、部下でも手下でもないのに鈴木さん敏夫さんと呼ぶのが不愉快であるばかりでなく、真摯な議論を交わす対手《たいしゅ》には年齢も序列もカンケイないと自ら期するところがあったからです。思えば映画から世事、業界スキャンダルの真偽に至るまでなんでもかんでも喋り倒し、最後は激論となって怒声罵声の応酬に及ぶことも屡々《しばしば》でしたが、激昂して恫喝紛いというより恫喝そのものを口にするときも手前ぇ貴様呼ばわりが出なかったのは、私らのカンケイが単なる友人でなく、いい加減なオヤジつきあいでもなかったからでしょう。そういえば初対面の時から私を「押井さん」と呼び続けているのは編集者の習い性なのか世代を異にする余裕なのか、時宜を失して訊かぬまま今日に至りますが、この際だから是非とも教えて戴きたいものです。まあ、押井クンなどと呼ばれれば、それはそれで不愉快でありオレはあんたの生徒じゃねえぞということになるやもしれず、なかなかに難しいことではあります。ちなみに私を押井クンと呼びつづけたのは死んだ師匠だけでした。

と言うところでようやく本題に入りますが、この本の趣旨がスタジオジブリに対する悪口雑言にないという事情に関しては「まえがき」を読んで戴くとして、今回の増補版の「増補」「追加」「オマケ」の真打ちとして敏ちゃんに登場を願ったのは他でもありません。鈴木敏夫というプロデューサーを語ることを抜きにして「ジブリという現象」を語ることはできない、とそう確信しているからです。宮さんの得意技であり、私もまたよくするところの「確信的推論《おもいこみ》」ではありません。正真正銘の確信であり、本来ならこのジブリ本も「鈴木敏夫論」もしくは「鈴木敏夫読本」「鈴木敏夫悪人伝」であるべきだとすら思っていたのですが、それでは編集者も出版元も納得しませんし、何より読者に資するところがあまりといえばなさ過ぎると思われたので、このような体裁となった次第なのであり、「増補」「追加」「オマケ」としてならばそれが許されるであろうし読者もまた得心するであろうと考えたのです。がしかし、考えはしたものの敏ちゃんという一筋縄ではいかない極悪人がその生涯を賭けた野望を簡単にゲロする筈もなく、先にあげた膨大なゴースト本の類いを読んでも（無駄と知りつつ少しは読んだのです）明々白々《あからさま》な嘘こそ書かれてはいないけれども都合の悪いことには敢えて触れないという高度な情報操作によってことの真相が隠蔽されていることは事情を知る者にとって既知《あたりまえ》であるに過ぎません。対談という形式では例によってのらりくらりと言い抜けていつもの馬鹿話に終始するに違いない――コロナ禍という事情は嘘ではありませんが、ただでさえ「口から生まれた桃太郎侍」の敏ちゃん相手に敵の牙城でアウェイの闘いに臨んでも勝ち目は薄い、それどころか敏ちゃんのアジトに蟠踞（ばんきょ、と読みます）しているに違いない変異型のバイ菌に侵される危険すらあると、賢明にもそう判断してかくなる手段に及んだのです。発語された言葉《パロール》は人をして情動に走らせますが、記述された言葉《ラング》には言い抜けのできないロゴスが宿るものです。いまにして思えば企画書、それも虚偽《でたらめ》と策謀《いかさま》に満ちた不実《ペテン》なテキスト以外に、およそ敏ちゃんの文章というものを読んだ記憶がないという事実は真に驚くべきことです。それもまた言葉という魔術の可能性と限界を知る、世間知と処世訓のカタマリともいうべき現世的悪魔人間《アクマニンゲン》の悪辣きわまる戦術だったに違いありません。

そんなイカサマはこのわたしが許しまっしぇん。

「やっぱヤメたわ、オレ忙しいし」などと言い逃れしようものなら、業界の人間が忖度して語らなかったあんなこともこんなこともみんなまとめて私が書いちゃうから覚悟しろ。

謹申《つつしんでもうす》

押井守

ということで、敏ちゃんが初めて自らの手で書き記すであろう「スタジオジブリの真実」の楽しいお便りをお待ち申し上げまあす。

いろんな質問に答える前に、まずは冥福を祈りたい。押井さんも共に旅をした、あの亀ちゃん[*1]が死んだ。ぼくにしても何も知らなかったが、この4月の頭から入院しており、余命3か月と言われていて、結局1か月しかもたなかった。病気はガン。詳しくはわからないが、肺から膵臓に転移したらしい。亡くなったのは5月1日。享年73歳。合掌。

押井さんだって他人事じゃない。ぼくにしても。同じ世代だし。いまのうちに、身の回りの整理を始めることを勧めたい。

さて、ユーラシア大陸の西の果て、アイルランドとアラン島を訪ねた旅、むろん、憶えているよね。訪ねる前に、みんなで、アラン島のドキュメンタリービデオを見た日が懐かしい。場所は宮さんの事務所、阿佐ヶ谷だったか吉祥寺だったか？　あのビデオは、確か、押井さんが用意したものだった。

アラン島は岩だらけで木も土もない。仕方ないので、海の水が運ぶ砂を集めて畑を作りそこでジャガイモを作る。それが過酷に見えて、そのシーンがアタマにこびりついている。

メンバーは、宮さんに押井さん、そして、亀ちゃんに古林[*2]とぼくだっけ？

そして、同じメンバーで2週間の旅に出た。通訳は、いつもお世話になっているロンドン在住の◯◯さんだった。時期は6月、この季節、ガイドの女性に聞いたら、一か月丸々、雨が続くと。そして、こんな諺もあると聞いた。1週間に雨が10日降ると。ところが、到着した日はともかく、その後は、ずっと雨が降らず、帰国の一日前だけ雨が降った。何故、降らなかったのか？

そして到着の夜に食べた、この世のものとは思えないくらい不味かったすき焼き。ダブリンに着いて早々、何故そんなものを食べる羽目に陥ったのか？　かすかに憶えているのは、そのガイドさんが、美味しいですよと勧めたこと。で、店に向かうと、これが空港から遥か遠かった。やっとこさ、到着して直ぐに分かったが、なんと、その店は彼女の経営する店だった。むろん、他に客はいなかった。

様々な謎を思い出すけど、このまま行くとダブリンだけで話は終わってしまう。それは別の機会に譲るとして、一気に、アラン島へ。

押井さんが、映画に登場する同じショットを探してウロウロしていた。作品名を言っていた気がするが、忘れた。その事は良く憶えている。でも、崖だけは怖がっていたね。腹這いになって、おそるおそる下を見下ろす場所まで匍匐前進。聞けば、高所恐怖症だと威張る始末。他のメンバーは立ったまま、崖下を覗く場所まで歩いていくのに。

宮さんとぼくのふたりが意地悪く押井さんの事を揶揄ったことも記憶にある。そこは絶景、本当に素晴らしい風景が目前にあるのに、結局、押井さんはそれを見ようとしなかった。この時、確信したね。押井さんは観念の人だと。

で、アラン島を後にして、というのも、その島は無、何も無い。このまま居続けたら、社会復帰出来ないと宮さんが言い出し、3日後、ぼくは泣く泣く島を後にした。ぼくなど、今だから言うけど、すっかりリラックスして、このままこの島で暮らしたい気分だった。

で、アレは何処だっけ？　ホテルが見つからなくて、仕方なく、みんなで連れ込み宿に宿泊することになり、亀ちゃんが突如、肥って肉付きの良かった押井さんの事を怪しげな赤い照明のダブルベッドに押し倒し、押井さんの胸のあたりを弄り始め、やめろと叫んで抵抗する押井さんを無視して、「我慢していれば気持ち良くなるよ」と説得していたのは？

呆れた宮さんが「もうやめなよ」と亀ちゃんを諭していた事も憶えている。それにこれは認めるけど、当時の押井さんは可愛かった。今とは別人。笑うと目が無くなって、人なつっこい童顔の青年だった。

ともあれ、楽しかったよねえ。それに、みんな、若かった。だから、こんな馬鹿も出来た。

ここまで書いて思い出した。そういえば、ぼくは押井さんに感謝しなければならない、忘れていた大事な話がある。どうしてそうなったのか、今となっては不明だが、夜の食事の時に酒が出た。見た目はオレンジ、美味しそうに見えたぼくは、一口でこれを飲み干した。後で聞くとそれはウオッカだったらしく、誰が飲んでも酔っぱらう。で、フォークとナイフを持って、肉を食おうとしたが、フォークにもナイフにも力が入らなくて、途中で皿の上に落としてしまう。

そんなぼくを、宮さんはじめみんなは笑って見ていたけど、見かねた押井さんが部屋までぼくをおんぶして運んでくれた。いつの日か、きちんとお礼をすべきと思っていたが、この機会に、礼を述べたい。ありがとう〜。

ちなみに、フォークもナイフも落としてしまったぼくの料理に手を伸ばしてきたのは、冒頭に書いた亀ちゃんだった。「食べないなら、ぼくが。もったいないし」。酩酊していても、頭だけは、はっきりしている。ぼくには貴重な体験だった。

ともあれ、かれこれ30年前くらい前の話。別の旅と話がこんがらがっているかもしれない。けど、まあまあ。以前、アランについてのみ別の本に書いた事もある。

ついでだから、話してしまうと、ぼくは本を出す時、こう決めている。

自分で刊行したいと思ったモノは、全て自分で書く。そうじゃないとき、つまり、要望があってそれに答えるとき、ジブリの話が多いのだけど、誰かに聞き書きして貰う。

押井さん、そういうわけで、ぼくが自分で書いた本も数冊あるのだよ。それも送ってあるのだけど……。

さて、質問への返事を書く。

押井さんはぼくのことを敏ちゃんと呼ぶが、ぼくが押井さんと〝さん付け〟で呼び続ける理由は、ふたりの間に距離が欲しいから。共同事業者になって、ひとつの仕事をする時は、馴れ合ったらおしまい。その関係をどうやって作り出すのかと言えば、第一に、日頃の接し方が大事になる。一緒に仕事をする時は、その他人行儀が役に立つ。

今回は、図らずもアイルランドとアランの話になってしまった。他の質問への回答はまたの機会に。

＊1　鈴木の「アニメージュ」時代の同僚。　＊2　古林も（＊1）に同じ。

トシちゃんへ

亀さんのことは高橋望《モー》クン*1からのメールで知りました。今年に入って知人の訃報を聞くのは大塚さんと○○につづいて三件目です。あの人はどうしているかしらと疎遠になった知人の消息を知るのは訃報ばかりで、歳を重ねて生き続けることはそういうことなのだと思いつつ、聞けば敏ちゃんが「人生は生き残ったやつの勝ちだ」と言ったとか言わないとか、その見解に関しては全然同意ですが、敏ちゃんの訃報だけはまだ聞きたくないと思うそのわけは、あんたが死んだら世の中が少しだけ寂しくなる――もう少し見ていたい他人だからです。

というところで早速のお返事ありがとう。記憶違いなのか記憶の捏造かはお互いさまだから問わないけれど、アラン島珍道中の面子はスポンサーの宮さんと敏ちゃん亀さん私の四人で、古林はいませんでした。ロンドン郊外高級連れ込み宿での亀さん御乱行はともかく、「敏ちゃん急性アルコール中毒事件」のいきさつを当人が仔細に覚えていたのは天晴《アッパレ》と褒めてあげましょう。意識不明となった敏ちゃんをホテルの部屋まで担いで運び、パンイチにして寝かせてあげたのは確かにこの私です。ウェールズの古都に響き渡る敏ちゃんの壮烈なゲップに辟易しながら歩いた夜道の記憶はいまも忘れ難く、日本人の恥だという宮さんの冷酷な御宣託とともに墓まで担いでいくべき黒歴史でしょう。若かったといえばそれまでですが「アラン島幽霊出没事件」やら「宮さん爆睡トトロ事件」やら思い出せば枚挙に暇なく、まさに本が一冊書けそうな旅行ではありましたが、最も印象に残っているのはアラン島の荒涼とした風景を前に敏ちゃんが洩らした「日本に帰りたくない」の一言でした。噫《ああ》稀代の仕事人間にしてこの一語あり、陰謀に日々奔走する権謀術数主義者《マキャベリスト》にして人生を憶わしむるかアランの古跡……感動すること頻りでしたが、これも異国の旅の為せる感傷なあに帰国すれば直ちに本性を露見するさと思ったらその通りで確かに人生は映画のようにはいかないと今更ながら思い知った次第。ことのついでにもうひとつ、旅は道連れとは言いながらオッサン四人の海外旅行でもっとも問題となるのがホテルの相部屋問題であり、旅の当初こそカントクと編集者がそれぞれペアを組んで宿泊したものの、夜ごとの亀さんの襲撃に音を上げた敏ちゃんの提案で相方を変更したことは覚えているでしょうか。宮さんの無尽蔵の蘊蓄《うんちく》と豪快な鼾《いびき》に辟易していた私がこの提案にのったのが大間違いで、その結果としてアラン島での「亀さん襲撃事件」を招いたのはとんだ見込み違い《かんちがい》でしたが、さらに相方を変更して敏ちゃんと相部屋となり、その醜悪なブリーフ姿や毎朝のトイレ篭城癖にはうんざりしたものの、夜ごと映画を語り尽くせたことは、いまにして思えば貴重な経験ではありました。亀さんが宮さんを襲撃したかどうかは知らないし知りたくもないけど。

敏ちゃん、映画を語り明かしたウェールズの夜を覚えているかい（ここはJ・ボールドウィン調です）。あれほどの情熱がいまもあるかどうか、立場を異にするとはいえ互いに映画に半生かけて拘り続けたことでいまや映画への思いは語り尽くせるほど単純なものではあり得ないにせよ、こと映画について語ること映画を語ることについて語ることに関して言うなら、敏ちゃんほど語るに値した相方は他にいなかったし今もいないことは紛れもない事実であり、あんたが死んだら世の中少しだけ寂しくなると書いたのはそういう意味でもあるのだよ。

というところで、敏ちゃんの回想に乗せられて思わず筆が滑ってしまったが本題を忘れたわけでは毛頭ない。敏ちゃんの映画人生の、いや映画も何もすべてをひっくるめた編集者人生の総括を、わけてもその集大成ともいうべきスタジオジブリの鈴木敏夫的な鈴木敏夫による鈴木敏夫視線の総括というやつを是が非でも聞かせて貰いたい。適当にはぐらかして事無きを得ようと思ってるんだろう、どうせ。歌舞伎の台詞でもあるまいし、さあさあさあと繰り上げたところで本音を吐くとも思えないけど、残った人生もあと僅かではあることだし、このまま棺桶に持ち込んでも悔いが残るだけ。誰もが敏ちゃんに聞きたがっている「ジブリの真実」ってやつを、ここらでその片鱗なりと書き残してみてはいかがなものかと、他ならぬこの私が、あのウェールズの映画の夜がそう言ってるんだよ（ここんとこ唐十郎調だから、判るよね）。

まあ、こんな調子で詰め寄ったところで埒もなし、本当のところはとっくにお見通しなんだけど、これが面白いことに私が何を言おうが書こうが世間さまは一向に気に掛けない。世間ってのは知りたいこと聞きたいことしか興味がないんだってことも遺憾ながらお見通しってわけなんだけど、それでも言いたいことを言い、書きたいことを書かなきゃ気が済まないのは、あんただって同じ筈なのに、こと自分のことに関しては興味がないってふりをしつづけて生きてきたんだ、鈴木敏夫って人間は。

ホントにそれでいいのか、敏ちゃん。

みんな死んじゃった、みんなぐわんで死んでいくんだ。

あんたもわたしも早晩そうやって死んでいくんだとしたら（その通りなんだけど）そろそろ潮時なんじゃないのかと、そうは思わないか。死ぬほど喋ってもいちばん肝心なことは語らないってのが鈴木敏夫の人生観なんだろうけど、少しだけちょっとだけでいいからさあ。

私が言っても駄目なんだ、私が書いても無駄なんだ。

敏ちゃんが自ら語り、語ったその言葉のあとでいかに振る舞い、どう生きていくか、それが見たいんだ。こんだけつきあった仲なんだから、軽口叩きながらホントのことを洩らしてきた間柄なんだから、いっぺんぐらいお願い聴いてくれてもええのと違うかい。

ホントに関係者が忖度して言わなかったあれもこれも全部バラしちゃうぞ。

説得したり懇願したり恫喝したりでうんざりしたことだろうけど、ここまで真剣に語り掛ける人間は私を措いて他にいないんだよ。

というわけで、待たるる次号（あんたの得意のキャッチだ）。

押井　守

＊1　高橋望《モー》。編集者。「アニメージュ」時代からの鈴木敏夫の片腕で副参謀長。

アラン島の荒涼とした風景を前に、ぼくがふと洩らした言葉、「日本へ帰りたくない」。いや、感心した。押井さん、よく覚えていたね。

あれは、ぼくの本心。あんなに居心地のいい場所は、その後、多少は世界を回ったけど、何処にもありゃしない。心からそう思った。何がいいって、無、無だよ。あの島の魅力は。この世のパラダイス。あの島にいたら、何もやる気が起きない。自堕落でいられる。究極の快楽がある。ただ、呆然と日がな一日過ごしているうちに、気がついたら死んでいる。そんな夢を見させてくれる島だった。

あのとき、誰かとこんな話をしたこともおぼえている。自殺願望の人がいて、この島へやって来たのはいいけど、島に来て1時間もしないうちに自殺する気が失せてしまう。なんちゅ〜か、人間の生きるエネルギーのすべてを奪い去って「無」にする島だったよね。その快感たるや、この世のモノじゃ無い。

で、宮さんが何と言ったか、記憶にある？　アラン島に到着して2日目の夜だった。

「明日、この島を離れよう！　ここに留まったら、社会復帰出来ない！」

え、何故？　そりゃあ無いぜ、来たばかりなのに。それに、いいじゃん、たとえ社会復帰できなくても。いや、もう少しだけでいい、この気分に浸っていたい。そう思って、宮さんの横顔を見ると、それまで見たことの無い怖い顔をしていた。

そのとき、心底、思った。ああ、ぼくとこの人は決定的に違う人種なんだ、と。微妙なんだけどね。誰しも人は両面がある。前向きと後ろ向き。その伝でいうなら、ぼくのほうが宮さんよりもほんの少しだけ負の要素が大きい。あるいは、種類が違うのか？
でも、同時にこうも考えた。この人について行けば、もうひとつのこの世のパラダイスに出会えるかもしれないと。
結局、2泊だか3泊して、ぼくらはアラン島を後にした。6人乗りの小さな飛行機で、窓から下の海を見ながら、ぼくは渡哲也を口ずさんでいた。

何処で生きても 流れ者
どうせさすらい ひとり身の
明日は何処やら 風に聞け

ぼくは、帰る場所を持たない渡哲也が好きだった。

ふと訪れたこの島にそのままいついていたら、いったい何が起きたのか？　そんな想像を巡らせる。すると、頭の中にドーパミンが発生して心地よくなる。しかし、そういう時って、実は役に立たない、本当にくだらない事を考える。今は日本語しか出来ないけど、しばらくこの島に暮らせば、そのうち英語を話し、そして、ケルトの言葉を話し、ぼくは日本人じゃなくなってしまうとか。虚構から現実を見る。それはこの上ない楽しいひと時だった。しかし、宮さんのひとことで夢は破れた。現実に引き戻された。そういう人なのだ。宮さんという人は。

息子の吾朗がそんな宮さんとぼくを比較して、こんな事を言った事がある。

鈴木さんは、居心地のいい部屋を作ってまず自分が楽しみ、そこへ友人たちを招いて、共に楽しむ。しかし、親父は違う。自分の居心地の良い空間を作ろうとはしない。他人に見せて、他人が徹底的に喜ぶ様を見て、ようやく自分も楽しむ。

この指摘は、ふたりの違いを的確にいいあてている。

宮さんに出会わなかったら、ぼくはどんな人生を送ったのだろうか？　いろんな媒体でぼくはこう語り続けた。ぼくの人生は受け身だと。これはカッコつけでも、何でもない。主体的に生きるのが面倒なのだ。

宮さんという働き者に出会ったから、ぼくも少しは働いた。そうでなければ、何もやらなかった気がする。

中里介山に「大菩薩峠」という大長編小説がある。ぼくは、その主人公机龍之介の地獄巡りの旅が大好きだ。受け身の生き方は、龍之介の必殺技、音無しの構えに学んだ。「大菩薩峠」を大好きな堀田善衛が命名した〝受け身の剣法〟に。堀田善衛は、主人公でありながら受け身という剣法は世界でも珍しいと書いていた。

アラン島を後にして、ぼくらは英国の南端を目指した。英国の南端だったと思う。そして、ある町の小さなレストランで、ぼくらはお茶を飲んだ。お店は、おばさんが切り盛りしていた。その横で、おじさんがアコーディオンを上手に弾いていた。

ぼくは片言の英語でおばさんと会話をした。そして、みんなで記念写真を撮った。ぼくは彼女の名前と住所を聞いた。

そして、帰国後、その写真を彼女に送り文通が始まった。10年続いた。最後の便りの内容は今でもよく覚えている。今回は最期の便りだ。店を閉めることになったので、この文通も終わりにしようと書いてあった。

いまさらだけど聞きたい。押井さんは、アラン島に留まりたいとは思わなかったの？　そして、もう一度、アランを訪ねた理由は何だったの？

そして、もうひとつ。押井さんとは公開の場で何度も話した。誰か、それをまとめてくれないものか。通しで一度、読んでみたい。

鈴木 敏夫（すずき　としお）
1948年愛知県生まれ。株式会社スタジオジブリ代表取締役プロデューサー。慶應義塾大学卒業後、徳間書店に入社。『週刊アサヒ芸能』、『アニメージュ』編集長などを経て、スタジオジブリに移籍。映画プロデューサーとして、大ヒット作を手掛ける。著書に『風に吹かれて』、『ALL ABOUT TOSHIO SUZUKI』（永塚あき子編）など。

トシちゃんへ

ようやくにして本音の返信ありがとう。

本音の片鱗でもいいからさあ、とは書いたけど。ほんとうに片鱗なんだね。

今回もトボケて逃げちゃうんだろうと密かに確信していたので、ちょっとだけ感心しました。

受動的な人生とはその通り。ホンモノの悪党ってのは人生を放棄してるものだし、だからこそ他人さまを利用することを屁とも思わないもんだからね。目先の利益や名声を追うようなケチなやつはさんざん見て来たけど、そういうのは小悪党って言うんだよ。トシちゃんが本質的に後ろ向きの人間だってのはその通りで、いまどき中里介山の「大菩薩峠」だの渡哲也の「東京流れ者」だの語ってること自体が、おそろしく反時代的で後ろ向きな生き方の証明なんだ。言っとくけど、そんな小説や映画を語れる人間なんて、あんたの周りには私を措いて他に存在しないんだからね。

トシちゃんが好きなのはあのフレーズらしいけど、こんなのもあるんだよ。

夢はいらない　花ならば
花は散ろうし　夢も散る
どうせ散るなら　男花

私が映画を撮るたびにトシちゃんの出番を作って手間暇かけて殺してあげてるのは何のためだと思う？　こないだの女子高校生ものでは撮影に余裕がなかったから殺さなかったけど、色っぽい女優さんの御御足《おみあし》たっぷり拝ませてあげたのを忘れちゃいないよね。それにしても、宮さんという大魔王に出会ってしまったのが運の尽きだったけど、それもまた人生です。トシちゃん以外に語り合う人間もいないんだし、腐れ縁だと思って最後までつきあってあげてください。でも、わたしを巻き込もうなんて思わぬように。けっこう苦労して逃亡に成功したんだから。

というところで、なんとか最後に実のある往復書簡になったようで担当編集者も一安心したことでしょう。

つきあってくれて、どうもありがとう。
コロナが落ち着いたらまた何処かで会いましょう。

2021／6／13　押井守

追伸
最後に提案のあった対談集の件について。
そんなに読みたいなら、編集者なんだからあんたが出しなさい。

あとがき

『テレビブロス』の映画欄で初めてとりあげたスタジオジブリの作品が『崖の上のポニョ』でした。関係者のインタビューではあまりに普通。だったら宮崎さんとも縁のある押井さんに語ってもらおう！　ということになったのです。

ところがというか、案の定というか、「ストーリーがない」「思いつき」「言い訳」……もう容赦ナシ。でも、その一方で「類いまれな想像力」「息を呑むような美しさ」。ちゃんといいところはいいと拍手を送るのです。

そのとき押井さんは「ジブリに対する否定的な言葉はまず活字にならない」とおっしゃっていましたが、なぜか『ブロス』はＯＫ。むしろ、その正直な言葉の数々は大きな反響を呼び、以来、ジブリ作品が公開されるたびに押井さんに語っていただき、気がつけば『ブロス』の人気企画になっていたのです。

簡単に言ってしまえば、本書はその「完全版」です。ブロスのその企画のファンから「全作品の押井解説を読みたい」という声が上がり、『風の谷のナウシカ』から『思い出のマーニー』まで、押井さんにとことん語っていただくことになりました。

ボロクソのときもありますし、褒めるときもあります。ただ、不思議なことに、お話を聞いているうちに、「ジブリアニメをもう一度、観たくなる」という気持ちになってしまうのです。押井さんのお話を聞いたあとで観ると、まったく違うように見えるのではないかと思えるからです。ということはつまり、本書は「ジブリアニメのもうひとつの楽しみ方」にもなっているのかもしれません。これってちょっと、押井さんの意図したものではないのかもしれませんが、それだけ振り幅がある本だと解釈していただけると幸いです。

それにしても押井さん、宮崎さんとケンカしすぎです。「もう、ずーっと会ってない」というわりにはケンカの回数が多すぎます。

でも、ケンカするほど仲がいいのかもしれません。押井さんが宮崎さんの話をするときの楽しそうな顔を見ていて、そんなことを思ってしまいました。こんなこと言うと、また押井さんに「何言ってんの！　全然違うんだから！」って言われそうですが。

さて、最後にこの本を一緒に作ってくださった方々にお礼を言わせてください。前作『友だちはいらない。』のときもがんばってくださった編集の櫻木さん。時間のないなか、表紙の絵を描いてくださった監督・アニメーターの湯浅政明さん。そして、もちろん押井さん。みなさんのおかげでこの本が出来上がりました。

本当にありがとうございました。

２０１７年 吉日　　渡辺麻紀

著者略歴

押井守（おしい まもる）

1951年生まれ。東京都出身。
1977年、竜の子プロダクションに入社。スタジオぴえろを経てフリーに。『うる星やつら オンリー・ユー』（83）で劇場監督デビュー。主な監督作品に『うる星やつら2 ビューティフル・ドリーマー』（84）、『機動警察パトレイバー the Movie』（89）、『機動警察パトレイバー 2 the Movie』（93）。『GHOST IN THE SHELL／攻殻機動隊』（95）はアメリカ「ビルボード」誌セル・ビデオ部門で売り上げ1位を記録。『イノセンス』（04）はカンヌ国際映画祭コンペティション部門に、『スカイ・クロラ The Sky Crawlers』（08）はヴェネツィア国際映画祭コンペティション部門に出品された。2016年、ウィンザー・マッケイ賞を受賞。最新作は原作・総監督などを務めたTVシリーズ『ぶらどらぶ』（21）。

聞き手・構成・文／渡辺麻紀（わたなべ まき）
映画ライター。『TV Bros.WEB』『S-F マガジン』『アニメージュ』などに映画コラム、インタビューなどを寄稿。

カバーイラスト／湯浅政明
カバーデザイン／石塚健太郎（kid,inc）
本文デザイン／長谷部貴志（長谷部デザイン室）
DTP／長谷部デザイン室　kid,inc

誰も語らなかったジブリを語ろう　増補版

第1刷　2021年8月18日
第2刷　2021年9月22日

著　者　押井守
発行者　田中賢一
発　行　株式会社 東京ニュース通信社
〒104-8415 東京都中央区銀座7-16-3
電話　03-6367-8023
発　売　株式会社 講談社
〒112-8001 東京都文京区音羽2-12-21
電話　03-5395-3606
印刷・製本　株式会社シナノ

JASRAC 出 2105972-101

ISBN 978-4-06-524941-3